燃える日本企業

失落中的崛起

日本商业的突围与重生

陈　伟◎著

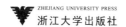
ZHEJIANG UNIVERSITY PRESS
浙江大学出版社

造物在前，企业家精神在后

大概两年前的夏天，我去厦门采访一家知名卫浴制造企业的老板，他的办公室庞大、空旷、华丽，墙上挂满了各种奖状，大都是当地政府对公司在技术层面不懈追求的鼓励。这位老板身材矮小，语速惊人，说起话来散落在额头上的硕果仅存的几根儿头发总是随着语速而颤动飘扬。他也热爱喝茶、吸烟，自豪于茶烟高昂的价格。

这大抵是福建商人共同的特质，他们还有其他的相同之处：比如，大都是白手起家，学历不高，经过贫寒的少年时代，走街串巷贩卖产品，不到中年就能赚取可观的财富……

如今他们销售的产品，也有类似之处——价格便宜，便宜，还是便宜。

这位老板向我介绍说公司申请了诸多专利，具体数字已经记不清楚了，唯一还留存在记忆中的是，他说自己一直在申请智能马桶方面的专利，但由于考虑市场需求不大，所以没有商业化。他以为，马桶智能化是早晚的事儿，手中握有专利，就会有新的机会。

　　机会总是擦肩而过，就在中国人热衷于购买日本马桶盖，并且想尽办法从日本买马桶盖回来之后，机会还是留给了别人。不知道当年我拜会的那位老板如今心情如何？

　　他为什么会错失机会？是因为他的思维形成了定式，要想赚钱，就要便宜。

　　在中国南方坐落着无数这样的工厂，打火机、眼镜、指甲剪、皮鞋、服装……便宜的产品源源不断地流出，同时，这些工厂也源源不断地倒闭。

万人测试一款马桶

　　即使在国内，日本TOTO的马桶销量也一直居高不下。它的生产基地也坐落在中国南方的城市边缘。自从TOTO进入中国市场以来，山寨者就前赴后继，但至今都没有超越者。不久前，TOTO全球总裁这样解读为何他们的产品难以山寨："虽然中国也有智能马桶，它们也似乎想模仿我们的产品，但TOTO有一项独特的陶瓷制造技术，让我们的产品看起来更加洁白、华丽，这些技术中国公司还没有人能掌握。"他还耐人寻味地补充说，其实这项陶瓷技术的根源可以追溯到中国的宋朝。

　　而TOTO另一个制胜的"葵花宝典"是不断改进自己的技艺，不断完善用户的体验。在某种维度下，这种不断改进与技术无关。比如，TOTO每次推出一款新的马桶，都会让全体员工（1万多人）挨个儿测试水温，以此寻找最佳的温度。为此每年都有很多员工被水烫伤，菊花残，满地伤。

　　这种看起来简单粗暴的改进方式可能就是日本企业家的精神，也或许就是我们所说的"工匠之心"。

日本恐怕是这个世界上最具备工匠之心的国度。德国也讲匠心，但只有日本人把匠心上升为一种信仰。

古代铸剑师在工作之前，会进行一套复杂的仪式，他们相信利剑之中应该注入武士的精神。

松下幸之助在一个又一个幽深的黑夜里叩问产品中为何缺乏人性。稻盛和夫也说，他在深夜能听见产品自己在哭泣。

电影《拉面女孩》中那位拉面店老板面对技艺已经成熟的学徒说，你的汤里没有灵魂。

这种根植于日本民族性中的造物精神源远流长，并且成功地嫁接进了日本近代化的新历程中。近代之后，日本企业家与欧美西方企业家最大的区别在于，在尊重管理技巧和组织架构西方化的前提下，依然坚持东方哲学中倡导的精神的力量，人与自然和谐共生，人类不该征服自然，而是融合于自然；产品或者是物，也应该是自然的衍生品，人与物交相辉映，不存在谁是谁的主宰。

所以，无印良品追寻产品、材质本身的力量，设计掩藏在材质的背后，悄然无声。在日本，评价一个设计师的地位，不在于他的作品多么花哨，而在于他能否把自然之伟力完美地呈现出来。所以，简洁的设计只是一种表象，精神与自然和谐共生，灵魂与世界同步前行，才是日本产品的内核。

难怪原研哉感慨，无印良品畅销世界，但鲜有人知道其内在的价值。而这种造物精神隐藏在日本产品之中，你只是觉得它们美好，却难以洞悉其根源。

而这基本上就是日本企业家精神最为重要的支撑。日本媒体在评价索尼公司连续下滑的业绩时，异常痛惜地说："这家公司背离了工程师的精神，滑向了深渊。"

而那些依然成功的企业家无不是贯彻了造物的情怀。柳井正缔造的优衣库自称是一家技术公司，他通过不断改进服装的材质而成为日本首富；丰田汽车也和TOTO一样，他们即使是推出一款新的座椅，都要经过几千人测试，寻找到最舒适的款式；而任天堂的前身是一家骨牌公司，他们认为骨牌应该是美好的，所以他们制造了当时日本最为精致的扑克牌……

日本企业家恋物，于是才创造了无数让人惊叹的产品。日本企业家恋物，于是他们才会不断改进自己的产品，直到能让产品包含泪水和灵魂。

也是因为日本企业家恋物，7-Eleven的创始人才会要求每一个店员都要熟知每一个产品的特质，然后介绍给消费者。

造物的情怀

正因为对造物的无比尊重，才让日本企业家热衷于持续改善技艺。他们甚至可以一生只做一件事，并把这件事做到极致。有一个广为人知的日本理论叫"断舍离"，其实，"断舍离"并非日本人的习惯，恐怕只是媒体的炒作。日本企业家相信"守破离"——坚守技术，不断精进，然后打破它，离开它，完成创新。

这个过程如此漫长，以至于让日本企业被诟病为缺乏创新，这恐怕也是事实。我一直反对日本企业完美的论调，但我坚信，中国的企业家目前最缺乏的不是技术、资金和人才，缺乏的是对于匠心的推崇。他们的脚步太快了，所以他们的产品没有灵魂，只有躯壳。

中国的马桶与TOTO的最大区别，可能就在于那个万人测试的过程，但中国大部分企业家不愿意花费时间去做这件事，因为他们缺乏工匠之心，缺乏对产品的尊重。

最后说说这本书，它描述了日本第二次世界大战之后商业崛起的历程，也记录了泡沫经济崩塌之后，日本企业家的自我救赎。这是日本近代化之后最为悲壮的两次变革。他们在废墟中重建，在绝望中徘徊，然后选择向前走。他们对于造物的坚守，使得他们具备了对于极致的追求，他们当然也有缺憾，但值得记忆。

为了写就此书，我深入日本很多企业的内部，观察他们对于持续改进的偏执，观察他们对产品的细心打磨，观察他们对商业模式的不断洗礼。这是一个奇妙的过程，我深刻地感受到，日本企业与中国公司似乎只差一点点，似乎只有一线之隔，但这个隔阂依然需要中国公司多年努力才能造就。

陈 伟

目 录
CONTENTS

4

PART I

上　部
燃烧的日本

第一章

拥抱战败

摔倒的怪兽

1945年9月2日，天晴气爽。65岁的道格拉斯·麦克阿瑟将军戴着墨镜，以一副征服者的姿态，端坐在停靠在东京湾的"密苏里"号军舰上，气定神闲地吸着自己的大烟斗。面前是一群身材矮小、面带愧色的日本人，他们背后的帝国弥漫着某种灰暗的情绪，那是遭遇失败后的叹息与绝望。

半个月之前的8月15日，裕仁天皇在广播中发布了投降诏书。日本媒体和史学者将这段讲话描述为"玉音放送"，其实，当时天皇的声音毫无金玉之音，反而干涩、沧桑，说话时磕磕绊绊。

在诏书发布之后，日本人的心情无比复杂，有人想到战争结束了内心窃喜；有人想到死去的亲人泪如泉涌；也有人因为战败蒙羞而剖腹自杀……总之，在这个小小的国度里，不同的人面对同一个宣言，却选择了不同的方式来面对失败带来的影响。

那么，作为一个历史研究者和观察者，站在日本重大历史节点上，我必须努力洞悉的问题是，战败对日本人来说意味着什么？一向被人们当做神的天皇居然通过广播宣布日本所谓的"圣战"遭遇了彻底的失败，这会不会让大部分日本人精神崩溃、信仰流离失所呢？从8月15日到9月2日的这段时间，一方面，日本人经历了过去千年来都不曾经历过的痛苦与失落；但另一方面，他们内心深处仍对未来充满希望，毕竟战争结束了，满目疮痍的废墟要持续多久？恢复昔日的生活与荣光要花费几代人的精力？这些未知的命题让日本人对以后的生活怀疑又期待。

三天前，麦克阿瑟带着自己46万人的大军进驻了日本。海、陆军分别从横滨和横须贺港登陆，然后像蜘蛛的触角一样分散到日本各地，开始了他们的统治年代。以第三方的眼光来看，当时的麦克阿瑟并非一个民主制度的缔造者，也不是日本的拯救者，而是地地道道的殖民者。美国联合参谋部是这样指示他的："天皇和日本政府，是在你和盟国的领导下，被授予治理国家的权力的，由于阁下的权力至高无上，在权限上无须接受日方的任何质疑。"

换句话说，麦克阿瑟将军就是日本的太上皇，是独一无二的统治者。甚至，有作家直接称麦克阿瑟为"独裁者"。

9月2日那天，和麦克阿瑟同行的是其他盟国的9位代表，在"密苏里"号军舰上，与日本正式签署了投降协议。

很少有人会注意到，"密苏里"号上的美国国旗充满着象征意义和美国复仇后的快感。密苏里是当时美国总统杜鲁门的故乡，而向广岛和长崎投下原子弹的决定，正是这位总统的杰作。

在"密苏里"号上飘扬着的美国国旗中，有一面是1941年12月7日日本"偷袭珍珠港"当天飘扬在白宫上空的；而另一面是1853年马休·佩里的黑船上曾经使用过的。

这充满着某种隐喻。对日本人来说，他们经历了一个复杂而神秘的轮回。在不到一百年之前，是美国的黑船让日本打开国门，感悟新世界，从而完成了近代化，成为亚洲最优秀的国家；而这场声势浩大的革命的结局却是日本惨败，日本又因为美国的占据而再次走向封闭。日本，是盘踞在浩瀚海洋上的一只怪兽，不够庞大，但足够凶猛，不够坦荡，但足够坚韧。它能以最快的速度、最强悍的手段伤人伤己，又被更强大的敌人瞬间驯服。

这个国家有意思，也让人唏嘘。

当天，代表日本军部的梅津美治郎将军和日本外相重光葵，在"投降协议"上签下了自己的大名。让外界疑惑的是，天皇和皇室成员并没有出现在"密苏里"号上，直到今天，都没有官方文件来解释，为什么美国人会放弃对天皇的质问。但这件事至少给日本民众透露了一个信息，那就是，战争的胜利者不会把战争的罪行与天皇联系在一起，天皇，还会以自己的形式存在下去。

绝望如影随形，笼罩在岛国上空。天皇的存在也无法拯救他们内心的恐惧和对黑暗未来的迷失。而美国人气势汹汹的到来，更是让日本人忧心忡忡。在他们的记忆中，无论是明治维新、甲午战争、日俄战争，还是二战之前的岁月里，日本搅动了世界的神经，它是一连串崛起和胜利的代名词，直到今天，一切戛然而止。

因为美国人，日本帝国已经几乎被付之一炬，他们的海军已经全军覆没，无数艘商船安静地沉没在海底；训练有素、曾经光彩照人的空军战士们也已经魂归天空、死伤殆尽了；日本人目力所及的，只是忍受着饥饿、伤痛、灰心丧气的败军们。在这片本就不够浩大的国土上，大部分城市都曾经成为美军空袭的目标，现在，它们依然冒着浓烟，用满目疮痍来迎接战败的阴影。原本是日本最大的政治、商业城市的东京，曾经容纳了700万人，而在战败之后，有50万人的灵魂飘荡在城市上空，俯瞰他们曾经肉身栖息，而如今脆弱无比的帝国。

麦克阿瑟曾经回忆当时日本人的心态："他们被彻底打败和威慑住了，在投降加于他们国家的严重惩罚面前瑟瑟发抖，这是对他们国家深重的战争罪孽的报应。"

那么，日本的战争损失到底有多大呢？这几乎是一个难以用数据来解答的问题。据说，到日本投降时，共有170多万名军人死亡，而被炮火和轰炸机炸死的平民则难以计数，但这个数字绝对不会低于100万人。

另外，还有几百万日本人流离失所，在中国东北、东南亚过着地位低下的生活。比如在南洋，美国人动用了大批残余的日军帮助他们修建自己的军事基地，同时拆除日本人原来的设施。这批真正的"浪人"在海外艰难地生活，他们日思夜想希望回到自己的祖国，但很多人没能活着回去，很多人期盼多年，在双眼干涸、鬓角如雪之后才踏上了国土。

而在日本本土的难民们，生活更是一望无际的孤苦。他们常常聚集在港口码头，热烈地期盼着亲人的归来，但等来的不是烧成灰烬的骸骨，就是亲人们死无葬身之地的噩耗。但他们仍像幽灵一样不肯离开码头，等待着哪怕是阴阳两隔的消息。

越来越多的孩子成为孤儿，他们的父母不是因空袭而死，就是惨死在遥远的海外。据厚生省的统计，到1948年，日本全国共有流浪儿12万多人，他们散布在铁路边、火车站、饭馆门口，以盗窃、乞讨、拎包、擦皮鞋为生。

从经济层面来审视，日本这个国家濒于破产，通货膨胀如刀如雷，轰然而至。

这很好理解，因为日本战时的统制经济造成经济发展极度不平衡，生活用品越来越短缺，军用物资越来越多。再加上日本为了筹措资金，狂发债券，虽然打仗的时候，通货膨胀在政府的竭力压制下被控制得并无大碍，但等战争一结束，政府形同虚设，民用物资短缺更加严重，经济情况急转直下。

这是一个很难摆脱的恶性循环，为了刺激战后经济，日本政府只能再次扩大银行券的发行量。

在日本宣布投降的当天，日本银行券的发行额是300亿日元左右，可是到了月底，这个数字飙升到435亿日元。半年后，这个数字是600亿日元。

另外，日本投降之后，政府需要给军需工厂和复员军人发放大笔战争补偿金和生活费，这就造成了让人惊愕的财政赤字的出现。在战后的3个月里，日本共发放战争补偿金和生活费用金额200多亿日元。

为了支付这笔巨额开支，日本政府只能大量印刷债券，让央行来购入。央行还肩负着为各大商业银行提供、调配资金的重要使命，为了弥补各大银行资金短缺的厄运，央行只能开足马力大量印制钞票，这进一步推动了通胀的恶化。

这真是一个山穷水尽的年头。1945年，在日本不广袤的土地上，风灾、水灾、火灾又接踵而至，这让日本人的生活更加困苦。大藏省①预计，要想让老百姓吃饱饭，至少还需要100万吨粮食。日本媒体则计算出这100万吨粮食够1000万人吃，换句话说，日本在1945年会有1000万人被活活饿死。

这一论断造成了社会的极度恐慌。很多人以为已经有1000万人被饿死了，纷纷写遗书准备后事。还有一些激进分子带着大家游行示威，高举大牌："拿大米来！还我生命！"

当然，事实上没有那么多人被饿死，但因为粮食短缺饥饿而死的事件每天都在上演。最有名的是一位法官，东京裁判所的审判员山口。他因为拒绝

---

① 大藏省，日本明治维新后直到2000年期间存在的中央政府财政机关，主管日本财政、金融、税收。

去黑市上买大米，被活活饿死。临死前，他写道："因为大米短缺，粮食统制法已经颁布。这是一条恶法，让黑市大米横行。但作为法官，我只能服从法律，虽死无憾。我作为坚守法律的法官而死，能充分说明日本人生活的艰辛困苦。"

为了让老百姓吃上饭，为了让混乱平息，日本政府请求驻日盟军总司令部给予粮食援助，这才让食品危机在1946年趋于平静。

独裁者的民主化改革

当时的日本人的确生活在一个千疮百孔、支离破碎的世界当中，他们只能度过一天算一天，没有人会思考自己和祖国的未来在哪里。

但是美国占领者却在深思，对日本的改造，究竟应该如何进行？他们面对的是一个破败的国家，而这个国家的国民曾经被种族优越感、暴虐的理想和征服世界的野心所掌控，他们的良知可能陷入极端的矛盾当中，特别是战败之后，他们自己也不知道自己该信奉什么，该摒弃什么。

而现实情况比这些还要复杂，美国人要做的事情是，在军事独裁统治的框架下，对日本进行民主化改造，这本身就是一个矛盾重重的、史无前例的行为。而当时的国际形势也非常复杂，"冷战"的铁幕已经慢慢下沉，日本应当成为美国抵御东方共产主义势力的屏障，而日本内部的社会主义倾向也悄然抬头，如何平衡这一切呢？

实际上，美国人已经在独裁统治下，尽自己最大的能力来改造日本了。1945年10月，就在日本签署"投降协议"的短短一个月之后，美国宣布废除日本对言论自由的限制，很多左派人士被释放出来，他们又开始活跃在全国各地，举行会议、演讲，歌颂社会主义的明天。

这件事情给当时的以东久迩宫为首相的内阁带来巨大的冲击，他们坚决反对美国人对异己分子的宽容大度，最终，全体内阁辞职离去。

而新上任的首相币原喜重郎屁股还没坐热，就接到了美国统治者的新要求：让妇女拥有选举权。

于是，在那个黑暗的时代，你能看到穿着和服的女子们兴致勃勃地为自己的政治偶像投票，但她们几乎已经忘记了投票的动作。

对我们这本书来说，美国对日本经济和商业模式的改造是重点。关于这个论题，有两点是值得我们记忆的：一个是美国对日本农村的改革，一个是消灭垄断财阀。

日本在明治维新之后，广泛存在着大地主掌控土地、农民贫困不堪的情况。贫富分化越来越严重，许多农民流离失所、生不如死。还有一部分农民怀着对社会充满报复的心态参军，最后成为军部的筹码，参与战争。

战后，美国人为了彻底消除战争的根源，开始消灭大地主，进行"土地改革"。这次"土改"分为两步走。第一步是在1945年11月，内阁通过了《土地调整法修改法案》（下称《法案》），开始了大张旗鼓的"土地改革"。

这一步"土改"相对来说比较温和，《法案》要求日本农村的地主们保留五公顷土地，其余部分统统在五年内强制开放交给农民租种。同时，地租改为现金形式，而且租金非常之低。这个措施其实是要求地主交出土地，同时，也兼顾了他们的情绪：土地还归你，农民种地给钱，皆大欢喜，只不过地租便宜了点儿而已。

但即使如此，盟军还是认为日本的"土地改革"过于温和，没有达到民主化的效果。于是，在1946年10月，更猛烈的"土改"终于来临了。

　　这次的改革措施是这样的：由政府出钱，收购地主的土地；而地主原则上只能保留一公顷的私有土地。政府把土地买来之后，再以很低的价格卖给农民耕种。这个很低的价格是多少呢？只相当于日本农民一年的土地租金而已。

　　这项改革虽然也遭遇了挫折，比如有些地主虚报土地，再在黑市上把土地出售赚取暴利，等等。但总的来说，改革还算顺利。到了1949年，全国80%的耕地完成了"土地改革"，分给了农民耕种，日本的佃户也完成了向自耕农的身份转换。

　　如果我们总结一下日本"土地改革"的意义，那么你就会发现，这些措施的确缓解了农村的社会矛盾，消除了农民暴乱的根源；让耕者有其田是日本迈向民主化的坚实一步。

解散财阀

　　在"土地改革"大张旗鼓进行的同时，对日本商业影响更大的另一项举措也在积极展开。这就是消灭垄断财阀，打破一家公司对一个行业的控制。当时，美国助理国务卿迪安·艾奇逊为美国的救世主们提出了要求："改变使日本产生战争意愿的现存经济和社会体系，以使战争意愿不再继续。"

　　1945年11月，驻日盟军总司令部开始实施这项策略，向大财阀们开炮，强烈要求他们在最短的时间内解散、放弃他们已有的商业帝国。当时日本有几个庞大无比的财阀：住友、三井、安田和三菱，它们命运的走向决定着日本经济的未来。

　　当时驻扎日本的盟军司令部认为，强制要求日本解散财阀有悖于民主观念，所以，麦克阿瑟将军向大藏省表示，要求财阀们自行解散，各自分崩离析。

于是，刚刚从战争的洗礼中挺过来的财阀们又面临着新的危机。针对驻日盟军总司令部提出的解散财阀策略，不同的家族领导人表现出了不同的态度。

最先表示同意自行解散的是安田财阀。当时，安田财阀的总掌门是安田一，他是创始人安田善次郎的亲孙子。在短暂的调整之后，安田家族的人全部退出公司管理层，同时，安田直接控股的公司也宣布脱离安田的管理。10月，安田保善社正式宣布，安田财阀解散。

安田一在《解散宣言》上说："战败后的日本，应当摒弃一切的私情，大家应当以一致的步调，向创造新生日本而迈进。"

从安田善次郎创业到安田财阀的解散，整整经历了60年。

安田一虽然解散了财阀，但他的行动依然受到美国的控制，每隔个把月，他都要向驻日盟军总司令部汇报自己的生活支出。美国人对财务核算得很精细，总是能挑出他的毛病来，比如电话打太多了，浪费严重。

安田一非常无奈，他告诉美国人，自己的岳父岳母都住在外地，电话费自然会很高了。但抑郁难当的安田一内心深处并非死灰一片，他期待着这个曾经不可一世的财阀还能闪耀新的光辉。

三菱财阀从一开始就蔑视美国占领军的政策，他的掌门人岩崎小弥太决定跟美国死磕到底，绝不解散三菱财阀。

岩崎小弥太的理由也很充分，因为他作为一个企业家，一直反对战争。当日本"偷袭珍珠港"取得胜利的时候，当全体国民沉浸在野心膨胀的巨大喜悦中的时候，岩崎小弥太在日记中写道："真是做了一件非常愚蠢的事情。"当年的圣诞节，他指着桌子上的火鸡说："以后，这些火鸡都会成为美国人的食品。"

在战争过程中，军部一直强迫三菱财团提供木材物资，岩崎小弥太告诉自己的下属："他们要就给他们，咱们现在不砍树，以后也会被美国的飞机轰炸得精光。"

换句话说，虽然三菱财团也介入了战争，可是在那样的时代，作为一个商人，为了保全企业，别无他法。

后来，战争结束了；再后来，驻日盟军总司令部来了。岩崎小弥太的痛苦也在日益加深，因为他知道，自己的企业可能将遭遇创立以来最惨烈的命运。

那场百分之百可以称之为浩劫的战争，到底谁是真正的罪人？是被愚弄的民众吗？是苟且偷生的企业吗？是下层的农民、军人和工人吗？当然不是，真正的罪犯是贵族、军部和日本庞大政治体系中的政治家们。

所以，当美国人要求三菱解散的时候，岩崎小弥太回应说："三菱从来没有做过背叛国家的事情，也从来没有跟军部有过勾结，我们做的就是全力改善国民的生活，所以我们从来没有感觉自己可耻。三菱的股票面向社会募集，很多国民都是我们的股东。所以，我代表的是全体股东的利益，不能背弃股东对我们的信任，所以，我不能解散三菱。"

应该说，岩崎小弥太在四大财阀里是态度最强硬，也是唯一一个敢公开跟盟军叫板的人。

驻日盟军总司令部非常愤怒，他们公开发表文章，督促三菱尽快解散，但都被岩崎小弥太拒绝了。最后，大藏省大臣涩泽敬三亲自做说客，希望三菱能自行解散。岩崎小弥太当时身体不太好，他躺在病榻上说："自行解散是不行的，除非是驻日盟军总司令部强令我们解散。如果是强令的话，也希望能让一般股东再分一次红利。"

涩泽敬三答应他们努力试试。其实，涩泽敬三及当时的日本首相币原喜重郎都跟岩崎小弥太有亲戚关系，血浓于水。他们也是发自内心地希望三菱能有个美好的未来，才希望三菱财团能审时度势，能屈能伸。

但岩崎小弥太还是不为所动，坚持认为，只有给所有股东都发了红利，他才考虑是否解散公司。

美国人的耐心消耗殆尽，他们立刻成立了一个叫控股公司整理委员会的组织，专门负责解散四大财阀。很快，这个机构发布了解散财阀的命令：四大财阀停止对控股公司的一切所有权；家族人员必须退离自己的职位；控股公司的董事立即下课；各个财阀都不能再对下属行业行使控制权。

这项严厉的措施再也不是停留在自行解散的逻辑之内了，深受打击的岩崎小弥太住进了医院。而三菱公司召开了最后一次董事会，宣布了驻日盟军总司令部的命令。

1945年12月2日深夜，岩崎小弥太因为大动脉出血身亡，享年67岁。他死前内心一定很痛苦，因为他看到的是日本战败后的满目疮痍，当然更重要的是，自己的家族企业走到了尽头。

在岩崎小弥太去世的半年后，三菱把旗下所有的事业都移交给了控股公司整理委员会，这个不可一世的大财阀暂时停止了呼吸。不过，它没有就此消亡，而是等待着复兴的那一天。

日本有句古话我深以为然："寒门出孝子，国破见忠臣。"很多人以为，在日本明治维新的上升过程中涌现出来的企业家才是商界奇才、真英雄，但我纵观日本400年商业脉络之后，得出的结论是，那些在历史转折点上，披荆斩棘，以豪迈的雄心、不屈的动力和果敢的力量继续前进的企业家，才是值得我们佩服的人。

因为，在大形势顺风顺水的时候，我们看不到一个企业最优质的特点，就好比患难见真情一样，企业只有在生死存亡之际，才会表现出自己真正的特质。

从商业层面来看，美国占领者对它的最大的冲击，无疑是解散了掌控日本400年商业版图的财阀体制。

四大财阀的表现各异，也充分体现了大时代背景下不同的企业生态。

三井家族认为，驻日盟军总司令部的解体政策不过是雷声大雨点小，时过境迁后，自然能重整江山待后生。于是三井派出三井本社的首席常务理事住井辰男与美国人斡旋，并告诉美国人，在战争过程中，三井没提供多少军用物资，一直以良民企业而自我要求，而且，三井现在愿意交出家族掌控的股份，向社会公开，变成一家社会型企业。

但驻日盟军总司令部根本不听他们的提议，而是粗暴地回复说："解散财阀是唯一的途径，赶紧解散才是正确的选择。"还威胁说，"现在日本有好几百万人吃不上饭，如果你们不解散财阀，我们就拒绝提供援助。"

最后，他们还充满讽刺地说："我们不允许三井家族过着比难民更好的生活！"

有着400多年悠久历史、经历过无数次大风浪的住友家族，也难逃厄运。古田俊之助是住友的总理事，早年在住友家族做技术工作，因为是个彻头彻尾的工作狂，所以被员工起外号叫做"坦克"。

"坦克"的职业生涯一路顺遂，很快成为住友家族的大当家。

当天皇宣布投降的时候，古田俊之助依然保持了冷静的内心，他明白，自己必须要保住住友家族一贯的形象和生意。

当时，社会的传闻是，像住友这样的大财阀很有可能被美国人宣布为战犯，连古田俊之助也难逃战犯的恶名。

古田俊之助没有被传闻吓倒，他告诫自己的属下，"如何以不让后世耻笑的方式，维持住友家的安泰"是目前所有员工的第一要务。

古田俊之助之所以如此镇静，是因为在那个混乱而黑暗的时代，企业如何保住命脉的关键，在于它们和美国占领者之间的关系。三井一直蔑视驻日盟军总司令部，并且极端自信地以为美国人不会解散财阀。而住友却知道，美国人才是日本的实际统治者。所以，当驻日盟军总司令部一成立，住友家族的很多骨干就自告奋勇，成为驻日盟军总司令部在经济方面的专家顾问。

这些专家反馈给古田俊之助的信息是，美国人要解散财阀是没商量的，千万别像三井那样一厢情愿地以为这件事情还能缓和，一定要做好各种准备，完成解散。

这里需要提到一个细节，驻日盟军总司令部当时的想法还是比较简单，他们观察到，三井、住友这些大财阀的下属企业都以三井、住友命名；于是，他们认为，解散财阀就是让这些企业改名更姓，斩断它们和企业家之间的股份关系。

于是，古田俊之助打算打个擦边球。

他以最快的速度让住友旗下所有的公司改名称，同时，古田俊之助让所有主要领导人全部离职，不留任何余地。

而古田俊之助自己也在料理完这些公司的后事之后，选择了辞职。在辞职演说中，他为住友财团规划了新的发展方向："今后住友旗下的所有公司应朝着企业集团化的方向发展，因为这与住友的未来有着密切的关系。"

但美国人不知道的是，古田俊之助还是让住友旗下的公司保持了无法割裂的关系，将它们永远捆绑在一起。保持这种关系的利器叫"社长会"，后来改名为"白水会"。

这是一个定期举办的会议，由住友本社的社长主持，参加会议的人都是各个事业、企业的社长，他们聚集在一起，商议下一步集团整体的战略方向，研究经营重点，彼此协调经营范围，等等。

古田俊之助在第一次社长会上慷慨激昂地说："各事业的经营者应当聚集在一起、团结在一起，以防止组织的老化，使得现在的住友拥有强大的组织能力。"

在那之后，住友财阀的确凭借着这种独特的例会，让自己的组织具有强大的凝聚力。而这种例会又是美国人所不了解的，他们以为，当一家公司与另一家公司没有股权关系之后，它们之间就不再有任何牵连了，而实际上绝对不是这样的。在以后的日子里，住友财阀凭借着血缘、姻亲关系，依然聚合在一起，并且不断扩大自己的事业范围。至今，他们旗下的公司早就遍布世界，生生不息。

伴随着财阀解散的消亡，新的革新力量也在慢慢崛起。当时世界格局错综复杂，东西对立，战争依然一触即发。美国人要做的是扼杀战争的经济根源，但绝不是让日本的经济陷入死亡循环。

在四大财阀接连被解散之后，日本产业界的各大企业家也深感岌岌可危，他们同样看不到明天和未来。但企业家应该做的是什么呢？至少在危机的时刻，他们应该站出来，告诉自己的员工，要相信未来。

在事情发生了60多年之后，我们重新回望历史会发现，在那个异常艰苦的年代里，依然有很多人超越了战败的阴霾和绝望的压迫，剥离掉笼罩在窗口的阴云，让阳光照射进自己的心灵，他们聆听着天皇沙哑的声音，开始思考，该如何更好地生活下去。

人类总是如此，被大灾难击倒，再从废墟中艰难地爬起来。不是因为他们多么坚韧不拔、心如磐石，而是因为他们别无选择。

对于日本人特别是对于日本商人来说，美国式的自上而下的改革他们并不陌生。当年那场震惊世界的"明治维新"运动也是在精英阶层的推进之下有序进行的，工业化、民主化、富国强兵、消灭割据和武士，这些过往的思想冲击在那个年代虽然也遭遇了抵抗，但最终都坚决地贯彻了下来。日本和德国的民族性有许多雷同，比如，他们都不太笃信民主，认为民主是效率低下的恶草，他们迷恋专制、集权、高效率。而对于二战后失败的日本人来说，他们在美国独裁统治下，接受新鲜事物的意识更强烈，也更顺畅。

所以，当美国人通过独裁的方式来实现民主化、经济改革的时候，日本人并没有感到陌生和无所适从，他们甚至张开臂膀，拥抱战败和新生。

比如，美军在日本的驻扎并没有引起社会的恐慌，反而刺激了日本经济的发展。很多中小企业做起了满足美国军人欲望的生意。比如有家小公司，之前一直为日军生产军用的镜头，等美国人来了之后，这家公司立刻开始转而销售迷你照相机，并大获好评。另一家公司一直给日本空军提供飞机设计图纸，现在，他们开始给美国人设计摩托车。在日本战败的一年后，国内诞生了400多家专门生产口香糖的公司，因为那是美国人的最爱。

这种军用企业向民用公司的转变完全是企业的自发行为，它们在面临战败的时候，迅速转型，忘记了建立大东亚共荣圈的伟大使命，开始喜悦万分地从过去走向未来。

客观地说，小公司的转型还比较容易；可是大财阀和大企业就要面临更多的挑战和艰难，它们必须迅速解散，但还要保持家族企业的延续；它们必须听命于美国的经济政策，还要实现盈利。

第二章

商人的丰田，技术的本田

商业就是随风倒

　　很多日本的企业在经历了国土分裂、资本化改革、战争统制和战败冲击这些致命的伤害之后，依旧存活了下来。当天皇宣布投降之后，丰田汽车的副社长赤井久义举行了员工大会，他面对一张张沉默、疲惫、惊恐的脸，高声说："日本虽然战败，但是，五年、十年之内一定会完全恢复。丰田制造的卡车在战时是必要的，在战后复兴期更是重要的重建工具。所以制造卡车是丰田今后的责任。铭记这一点，我们从今天起，再向未来出发吧！"

　　员工们的热情被他点燃了，第二天，丰田汽车工厂开始恢复了生产。但战争后遗症和现实困境严重挫伤着员工们本就脆弱的内心。

　　开工之后，就有许多工人要求返乡，因为他们的故乡要么被盟军炸成了焦土，要么遭受了巨大的自然灾害，亲人们食不果腹，饥寒交迫。

　　丰田家族知道在这个危急时刻，民心最重要。他们给工人们发放了一笔资助，然后遣散他们回家探亲。

　　这样一来，丰田的工厂变得异常荒凉。机器安静而无奈地放置在厂房的角落里，许多制造了一半的军用卡车被无情地废弃在院子里，仅剩的几个工人坐在阴霾的天空下一口口地抽烟。所有丰田人都在想，未来究竟在何方呢？

就在整个公司陷入死寂的时候，丰田汽车的创始人喜一郎出现了。自从战争爆发之后，这位日系汽车的缔造者就深居简出，他很少面对媒体和员工，甚至很多传言说，他已经被炮火湮灭。

丰田喜一郎把工人们叫到面前，告诉他们，丰田不会消亡，未来一定会光彩重生。他说完这些话凝视着大家，所有人都默默无语，显然，他们不相信丰田喜一郎的话。

丰田喜一郎冷静地说："人类生活最基本的便是衣、食、住三项，不论占领军态度如何，总不至于不让我们从事这三类生产。衣方面，丰田以纺织业起家，一旦决定生产，随时可以动手进行。食方面，日本四周都是海洋，水生物丰富，我考虑办个加工厂大批量生产鱼饼，这是人们喜欢的食物。另外，可以同时从事陶瓷食器生产，日常生活中缺不了器皿。至于住方面，我想就生产水泥吧，技术要求不复杂，马上可以干起来。"

丰田喜一郎的计划其实早在战争期间就开始了，他早早就预料到，日本必败，欧美必胜。于是他虽然也总是被绝望所胁迫，总是挣扎在战时统治的困局里，但他依然花费时间寻找战败后的出路。为了获得重生，丰田喜一郎可以放弃理想，暂时委曲求全，不造汽车，去卖鱼饼。

众人明白，这也许是公司唯一的出路：汽车梦可能就此作罢，做海鲜是新的出路。

之后，丰田喜一郎开始着手自己的计划，他让长子丰田章一郎去北海道开办鱼饼加工厂；让自己的堂弟，也是丰田汽车创办者之一的丰田英二去做瓷器；自己和副社长赤井久义创立水泥厂。

让人深思的是，这些企业现在依然根植在丰田财团内部。比如丰田喜一郎自己创办的水泥厂现在叫丰田总建公司，这家企业从事工程项目，利润颇丰。

当然，汽车是丰田喜一郎永远的梦想，他不会放弃，对他来说放弃汽车就等于放弃了生命。为了让汽车产业迅速激活，丰田喜一郎派赤井久义和丰田自动织布机制作所副社长石田退三去跟盟军谈判。

这两人立刻开始了行动，他们带着简单的行囊直奔东京。那时候，首都已经成为一片废墟，两位高管随便找了个小旅馆住下，自己烧饭烧水，谋划谈判方案。

第三天，他们见到了盟军的领导人，双方进行了亲切友好的会谈。最后，对方告诉他们，小汽车现在还用不上，就别忙着造了，不如发展一下公共交通，造点公共汽车和大卡车吧。

赤井久义想，这还不是最坏的结果，他起身感谢之后，就准备离开。就在这时，石田退三忽然一把抓住盟军领导，开始流泪。

盟军领导很惊讶，忙问他怎么了。石田退三说："我是丰田自动织布机制作所的副社长，我们的5000名员工已经快吃不上饭了，能不能让我们生产的织布机卖到美国去？"

盟军领导坚决拒绝了他："不行！"

赤井久义和石田退三悻悻而去。但石田退三没有放弃，在之后的几天里，他每天都去"骚扰"盟军司令部，大谈丰田织布机如何先进，对美国经济有如何大的推动作用。

但盟军领导一直很冷淡。这样死磕了一个月之后，盟军领导仍然不松口。最后，石田退三决定要赖了。他告诉盟军领导说："战争又不是丰田集团引起的，相反，日本军部逼迫我们生产军用物资，工资到现在还没着落，他们拉走产品也不付钱，我们还不知道向谁去讨要呢！为了让员工和他们的家人填饱肚子，我们除了把织布机卖到国外，没有其他可行的办法了。如果你们怎么都不肯开出口许可证，就请你们给我5000人吃的白米，假如没有白米，面粉也行，都没有的话，我们就天天在盟军司令部门口挖野菜吃！"

盟军领导想到堂堂的司令部门前，一群难民挖野菜、生火做饭，这幅景象让以救世主自居的美国人情何以堪啊。

无奈之下，盟军司令部同意丰田向英国出口100台织布机。一个月之后，英国的新订单如雪片般飞来。

原因一方面是，当时英国也处于恢复期间，急需织布机；另一方面，丰田的织布机的确质量优异，价格公道，一经出口，立获好评！

凭借丰田织布机的优秀业绩，丰田集团还是磕磕绊绊地走了下去，汽车生产也在逐渐恢复当中。

在获得了驻日盟军总司令部的允许之后，丰田开始生产卡车和公共汽车，随着时间的推移，盟军对日本的控制也在缓慢放松，小汽车制造又重新回到丰田生产的日程上。

1947年，丰田推出了"丰宝"汽车，这款小型车是专门为出租车而设计的。"丰宝"的风行让丰田喜一郎看到了新的希望。但当时，公司的经济情况依旧很紧张，生产成本居高不下。丰田英二建议裁员。但丰田喜一郎坚决反对，他认为，裁员不符合丰田家族一贯的行事风格，在困难时期应该全员努力，共渡难关。

拯救丰田的战役

但是，一直到了1949年，丰田的难关依然没有渡过。生产的汽车都卖出去了，但由于经济形势实在太差，大部分货款都无法回收。丰田喜一郎几乎绝望了，他只得向银行恳求贷款，帮助丰田起死回生。

这个时候，三井银行答应给丰田提供资助，但有三个条件：一是裁员，至少裁掉一半员工；二是汽车制造部门和贩卖部门分离，也就是让销售部门独立出去另组公司，不再因收不回卖车的货款拖死整个企业；三是银行方面要派一位专务到丰田集团，监督资金使用。

在这三个条件里，对后世影响最大的是第三条。从那之后，丰田和三井就建立了血浓于水的关系，他们甚至通过联姻来维护这种联系，让丰田汽车进入一个永远稳定、永远有财力支持的商业模式中。

为了让公司度过艰难时刻，丰田喜一郎只得答应三井银行的所有要求。在裁员之前，丰田喜一郎举办了谢罪大会。他含着泪向工人宣布："这不是我的本意，本人相当反对裁员。但是，除非裁员，否则公司将无法继续生存。我将辞去社长职务，对造成的这种局面负责。"

会后，一代汽车帝国的创造者丰田喜一郎宣布辞职。而丰田喜一郎宣布裁员时拍的巨幅照片至今还挂在丰田总部的办公室里，其含义是：不要忘记过去的苦难，不要再让你的员工遭遇裁员的厄运。

丰田喜一郎引咎辞职之后，石田退三成为丰田新任社长。

石田退三不太像传统的日本人，他为人谦和，头脑极为灵活，有大抱负，但愿意为了实现更远的目标而委身于现实。他丝毫不懂织布机技术，但可以把丰田织布机经营得风生水起。最重要的是，石田退三出身于三井旗下的三井物产，和大财团三井的联系极其密切，这对他今后的事业有巨大的帮助。

　　还有一点需要指出的是，石田退三的性格和丰田喜一郎大相径庭。丰田喜一郎深受日本传统文化的熏染，追求仁义，缺乏决断，心慈手软；而石田退三是商人思维，他内心深处明白，经营企业不能仅靠一腔热血，在关键时刻，还需要决断力，甚至需要不择手段。

　　很多年后，有人说，"销售的丰田，技术的本田"。丰田和本田，一个依靠贸易席卷世界；一个凭借技术问鼎天下。各自不同，各自精彩，而石田退三是实现这一命题的起点。

　　石田退三刚刚上任，朝鲜战争就爆发了，美国的汽车订单纷至沓来，挽救丰田汽车于水火之中。那个时候，不管是卡车还是吉普车，只要丰田一生产出来，美国人立马交钱提车。1951年，丰田汽车的利润超过了3亿日元，而之前的一年，其累计亏损是20多亿日元。

　　石田退三似乎要感谢命运的垂青，媒体也说他是一位福将。历史不能假设，但如果我们尝试一下假设，会发现耐人寻味之处。丰田喜一郎厌恶战争，在二战爆发之后，他曾经因为军部的统制政策，不能生产小汽车而想到过自杀。这样一个理想主义者也许是一个伟大的工程师、发明家，但难以成为一个纵横捭阖的伟大商业奇才。石田退三则相反，他始终认为企业的生存是第一要务，责任、使命、理想只有在生存的基础之上才可存续。

　　德鲁克对公司使命的阐释正说明了石田退三当时的抉择非常正确：公司应该是一个运行中的、发展中的人的组织，而不是静态的规划蓝图。因势利导、规避风险、赚取利润才是一家公司的使命。而这个过程本身也能为公司积累生产资料、思想和经验。比如，通用汽车公司因为在二战中承接了美国飞机制造的业务积累了大量新的技术，这才让它在二战之后迅速成长，成为世界规模最大的汽车制造商。

事到如今，丰田汽车都坚信，当时正是因为石田退三的决断才让丰田有了今天的地位。

在丰田汽车的业绩逐渐转好之后，石田退三多次邀请丰田喜一郎出山重新掌权，而丰田喜一郎蜗居在一个小小的实验室里坚持做汽车的研发，他告诉石田退三："不做小汽车的汽车公司不是真正的汽车公司。"

就这样，丰田喜一郎依然深居简出，生活在自己的技术世界里，直到1951年朝鲜战争趋于平静之后，他才再次出山，实现自己的汽车之梦。当然，如果没有石田退三的苦苦支撑，丰田也无法获得重生。

本田曲线救国路

当丰田喜一郎在战败与复兴的漩涡中痛苦抉择的时候，有一个人决定不再消极等待了。他在战后一年，成立了自己的公司。这家公司坐落在滨松市区，是他自己家的私有土地，有2000平方米之大。这个人不在乎浮华的外表，他知道，创业就是要从最简单的第一步迈出。于是，他在这片土地上搭建起简易的厂房，把自己家能劳动的亲戚统统招募过来，又在社会上招聘了十多位工人，就这样开始了自己的事业。

他叫本田宗一郎。

本田宗一郎和丰田喜一郎的生活环境大相径庭。本田宗一郎生于1906年，静冈县人，父亲是铁匠，母亲跟本田宗一郎一样，都没受过什么教育。本田宗一郎本来有八个兄弟姐妹，后来死了四个，可见家境如何贫困。

本田宗一郎少年辍学，在自行车店做了多年学徒，后来回到家乡，开办了修车厂。在他心底一直激荡着造汽车的梦想。

　　本田宗一郎一边经营修车厂，一边废寝忘食地研究汽车，他忘记了时间，忘记了家庭，甚至忘记了自己的修理厂。每天天不亮他就钻进实验室进行研究，一直到深夜他才睡眼蒙眬地出来。

　　起初，本田宗一郎致力于改造汽车。他发现，当时的汽车采用木制车轮辐条，很容易折断。于是，他开始尝试着用铁制辐条来代替。经过一个多月的研究，铁制辐条终于诞生了。这种材质不仅仅耐磨、耐用，不易着火，还能增加汽车行驶的速度。

　　德鲁克对创新有着精准的描述，他曾经说，人们一直低估日本的创新能力，"创新是一个经济或社会术语，而非科技术语。创新就是改变资源的产出。或者，创新就是通过改变产品和服务，为客户提供价值和满意度"。

　　本田宗一郎就是这种创新的代表。他没有发明汽车、火车、摩托车，但他能通过对技术的自我革新让已有的产品更加完善。

　　本田宗一郎的发明获得了专利，并且在汽车博览会上广受好评，订单堆积如山。他一下子变成了有钱人，据说，他的月收入达到了1000日元，这在当时可是一笔巨款。

　　梦想实现之后，本田宗一郎有点飘飘然，他觉得自己该好好享受一下了。于是，几乎每天晚上，本田宗一郎的身影都会出现在各种酒馆和风月场所，成为当地妓院里最熟悉的面孔。

　　如果你以为本田宗一郎从此热衷于身体游戏，不再奋发向上了，那你就错了。他虽然放荡不羁，但对工作和理想依旧一丝不苟。除了娱乐，他的所有时间都用来研究汽车，而且他开始研究赛车。后来，由本田一手打造的赛车还在大赛中获得了大奖，享誉全国。

在二战爆发之前，本田的摩托车、汽车已经被全国认可，还成为各大赛车手的指定用车。

但是到了二战爆发之后，这家新兴的公司也难逃战时统制的厄运。1937年，本田宗一郎成立了东海精机重工业株式会社，从事汽车活塞环的制造。但他的产品还没有问世，就接到了政府的通知，要求这家公司停止民用汽车零部件的生产，改为战争用卡车制造活塞环。

当时，日本军队最大的卡车提供商就是丰田汽车了，于是，丰田的石田退三和本田宗一郎成了商业伙伴。

石田退三在晚年曾经写道："我的一生认识两个发明狂人，一个是丰田佐吉，一个就是本田宗一郎。"

本田宗一郎根本不管生产，所有的工厂运营都让下属去打理，而他自己则潜心研究各种奇怪的发明创造。当然，发明是需要花钱的，石田退三慷慨解囊，帮助这位偏执狂实现他可能毫无意义的发明创造。

在那个年代，丰田和本田不是竞争对手，而是关系密切的合作伙伴。

1945年战争结束的时候，本田宗一郎和丰田喜一郎的心情一样灰暗。为了改变境遇，拯救本田公司，他暂时放下造车梦。

本田宗一郎发现，当时日本最缺乏的东西是食盐，而日本周围都是海水，盐取之不尽用之不竭，而缺的就是生产盐的工具。于是，本田宗一郎发明了一种电器制盐设备，通过这个设备，海水里的盐能变得又白又细，品味极佳。

凭借这个伟大发明，本田宗一郎又赚了一笔。1946年，日本经济复苏的苗头已经显露，他开办了赫赫有名的本田技术研究所。为了生存，本田技研所当时还没有立刻开始制造汽车，而是什么赚钱就造什么。比如发电机、织布机、冰棍制造机，等等。但本田宗一郎自己并没有把心思放在这些事情上面，他还想着制造自己的汽车。

但对当时的日本来说，造汽车是一件无比奢侈的事情。第一，小汽车没有销量，因为没人买得起；第二，本田自己没钱，根本买不起设备。

本田宗一郎决定曲线救国。他从破败的军工厂弄回了几个引擎，然后装在自行车上，他对妻子说："汽车造不出来，咱就弄一个没有壳子的汽车。"

第二天，他媳妇骑着带引擎的自行车上路，邻居们都很惊讶，这玩意儿既不像汽车，又不是摩托车，但跑起来还挺快。

本田夫人告诉邻居们，这车不仅跑得快，而且价格公道，工薪阶层都能消费得起。

几天后，很多人登门要买这种奇怪的自行车。事实上，今天这种车已经非常普遍，人们还给他起了各种名字，比如狗骑兔子。当时，这款带引擎的自行车的每月销量突破1000台，本田技研所获利颇丰。

有钱之后，本田宗一郎开始扩大工厂规模，购进设备，除了组装自行车之外，他也开始自主研究制造引擎。

革新才能获得救赎

但是很快，本田宗一郎的自行车又遇到了新的问题。当时，日本刚刚从战争中摆脱出来，百废待兴，物资极为匮乏，特别是石油，石油对他们来说是可望而不可即的珍贵产品。所以，本田的自行车很快就无人问津了，因为车买得起，油却太贵了。

本田宗一郎决定解决这个问题，他想起在战争期间，军队因为缺少石油曾经用松节油来代替，于是，他命令员工去山里搞爆破，然后挖出松树根，提炼松节油作为自行车的能源。

本田宗一郎应该算是日本寻找替代能源的先驱，松节油的使用的确提高了消费者购买这款自行车的欲望。本田宗一郎骄傲地说，"这是一种创新，绝对是创新。"

创新有时候并不是创造出一种新的产品或者商业模式，创新有时候是赋予资源某种能力。比如，在汽车诞生之前，石油就是无用之物，而人类对于出行方式的创造力让石油具有了新的能力。青霉菌的发明也是如此。

创新有时候是被逼出来的，山穷水尽的时候，智者就开始寻找新的路径。

解决了能源问题，本田宗一郎又发现，随着销量的提升，发动机的供应商产能开始跟不上市场需求，为了解决这个问题，本田宗一郎决定自己造发动机。

本田宗一郎有着铁一般的决断力，在物资匮乏的时代，效率更为关键。他命令工人把旧设备重新修理了一下，生产就开始了。

经过艰苦卓绝的研究，本田宗一郎终于制造出了自主品牌的第一台发动机——A型发动机。他兴冲冲地把这个东西安在了自行车上，自主研发的发动机价格低廉，使得自行车的价格也不断降低，重新获得了市场青睐，每月销量达到了1000台以上。

接下来，他又不断改进发动机，提升发动机的动力。但因为他对技术过分痴迷，甚至是灭绝人性的痴迷，也要求所有员工跟他一样废寝忘食地工作。有时候，年轻工人想休息一下，打打扑克，本田看见了一定会勃然大怒，拿起扳手就扔过去。后来，大家发现，最安全的地方就是工厂里的厕所，于是，累了的工人常常偷偷躲在厕所里抽烟、打牌，排遣劳累。

本田宗一郎知道缘由之后很内疚，他召开大会向所有员工道歉。让他欣慰的是，大家并没有过分憎恶自己的老板，反而对他尊敬有加。

1949年，本田宗一郎研究出了D型发动机。它具有98CC、2.3匹马力的强大动力，比A型发动机整整提高了一倍。

本田宗一郎很高兴，他把D型发动机装到自己自行车上开始"狂奔"，结果发现，这东西放在自行车上实在是太浪费了，刚一启动就到目的地了。

本田宗一郎经过思考认为，这个大马力的发动机应该放到更适合它的地方，那就是比自行车更酷的代步工具——摩托车上。

这一年，本田宗一郎42岁，他一手制造的摩托车开始不断在公路上涌现。为了纪念这个伟大的日子，本田宗一郎将之命名为"DREAM"。

1950年，梦D摩托车销量非常好，本田宗一郎为了扩大生产和销路，开始在东京开设经销处。刚刚落户的时候，本田宗一郎选择的地点很简陋，只有80平方米左右，隔壁就是卖鱼的，挑选摩托车的人常常闻着鱼腥味畅想自己驰骋的英姿。

为了不断扩大经营规模，让自己的公司走向正规化，也为了让自己能安心钻研技术，从繁重的管理、销售工作中摆脱出来，本田宗一郎聘请了一位管理达人藤泽武夫帮助他打理生意。

藤泽武夫跟本田宗一郎一样，也是个实业家，早年经营修理厂，后来接受本田邀请，成为公司的骨干。

本田公司的东京销售所就是藤泽武夫一手创办起来的。在公司运转正常之后，本田宗一郎亲自跑去视察，他惊愕地发现，公司二把手的住处简陋得可怜：房间里只有一张床，地上散落着衣服和泡面。本田宗一郎满含泪水："兄弟，你也太苦了！"

藤泽武夫根本没理会他的情绪，而是报告说："目前我们本田的代理商只有200家，这些日子我一直在和其他代理谈判，已经有5000家愿意做我们的代理，签合同的有了1000多家。"

本田宗一郎再次错愕："你是怎么做到的？"

藤泽武夫轻松地说："写信介绍我们公司，然后一家家去拜访，你看，签合同的都是拜访过的。"

本田宗一郎不说话了，他有点敬畏眼前这个人，他像一个苦行僧一样开拓公司的销售渠道，过着简朴的生活，却取得了如此惊人的业绩。

这一年9月，在藤泽武夫的努力下，本田在东京的工厂也正式开工，每月的产量都突破1000台。当然，业绩的飙升跟当时的大经济形势也有千丝万缕的关系。

1950年朝鲜战争爆发后，美军急需大批军用摩托车，而本田的产品物美价廉，正是美国军队所需要的。

丰田和本田的崛起路径其实类似。它们的领导者都在一个困顿无奈的环境下力图寻找新的生路；他们都不忘初心，宁可曲线救国；他们都在技术层面不断自我革新。

日本人的创新根植于一种缓慢的、持续的改进。今天我们说，日本人具有工匠之心也是此意。他们就像铁匠、木匠一样挥舞着工具，隐藏在喧闹浮华的世界中，把一个个产品推向世界，让人惊叹。

从精神层面来说，此时日本最为卓越的企业家们也处于寒冷的冬夜，他们像荒原中的野草，肆意生长，寻找生存之道。一方面，他们要面对国破家亡的累累伤痕；另一方面，还肩负着振兴日本经济的神圣使命。他们能趋利避害，延续企业的生命，能以创业者的心态开辟自己的事业，他们笃信企业的使命是为民造福。

他们也曾经因为国家满目的凋敝内心震颤，但幸运的是，他们在别无选择的境遇下坚持初衷，一路创新，寻找生机。

还有，他们都坚信日本的经济一定会重新振兴，他们所创造的产品一定会在下一个盛世成为畅销品。

第三章

新财阀时代

财团复燃

几乎所有人都知道，日本经济的腾飞和朝鲜战争有着密不可分的关联。朝鲜战争刺激了日本的外需经济，让日本彻底摆脱了战争的阴霾，走向复兴。

还有一点必须指出的就是美国对日本的道奇政策，推动了日本经济的飞速发展。道奇政策是啥东西呢？

约瑟夫·道奇，是美国著名的实业家。二战结束后，他担任美国驻德国司令部经济顾问，参与了德国的货币改革，1952年成为美国艾森豪威尔总统的经济顾问。

1949年2月，道奇来到日本，参与日本经济复苏的工作。

道奇的来临以及他推出的一系列改革计划，暗示了美国对待日本态度的转变。随着美苏"冷战"的开始，美国人意识到，必须让日本强大起来，以对抗苏联和中国。所以在1949年左右，美国国务院决定要振兴日本经济，使其成为美国在亚洲的新屏障。

在这之后，美国的经济学者们纷纷来到日本，各自陈述他们重建日本的政策。很快，美国国家安全保障会议制定了"稳定经济九原则"，力图在美国结束对日本的占领之后，让日本经济能够自强自立。这九点原则几乎涉及了日本经济的各个层面，比如如何抑制通货膨胀、如何提高日本工人工资、如何解决粮食短缺等等问题。

而道奇就参与了"九原则"的制定。

1949年，在杜鲁门总统的授意之下，道奇和他的团队正式来到日本，他们期待日本也能像战后的欧洲一样，从战争的破败中站起来。

道奇是典型的古典经济学派的拥趸，他憎恨政府赤字，热爱平衡，他坚持认为生产和生活消费相得益彰，哪个都不能超常发展；他对储蓄充满着热爱，认为这是发展生产的必要条件。

来到日本的一个月之后，道奇发布了自己的两点经济政策：日本必须从依靠美国的援助当中摆脱出来，成为一个独立、强大的经济体；日本必须自己造物，并且以低廉的价格和良好的质量进入世界市场。

道奇又针对日本的经济状况制定了具体的恢复措施，概括起来有三点：第一，政府的财政支出实现平衡，严格遵照预算来支出；第二，取消对某些行业的政府补贴，增加政府财政黑字；第三，停止一切新的支出，停止发行新的政府债券，抑制通胀。

在企业层面，道奇政策以及美国在20世纪50年代开始的经济政策让日本的几大财阀重新振作起来，它们由解散又走向了聚合。

道奇政策的核心是稳定财政，也就是依靠紧缩的措施来平衡政府的收支。为了增加政府收入，日本开始增加税收，用税收来为之前发行的债券埋单。换句话说，取之于民，用之于民，将政府欠人民的钱再用人民的税款来偿还。而从长期来看，这样的政策必然会抑制老百姓的消费，从而影响日本产业界的发展。

事实上，到了20世纪50年代初期，全国30%以上的中小企业均因为资金不足宣告停产或者倒闭。

与之形成鲜明对比的是日本的大企业，它们均获得了良好的发展机遇。因为在紧缩的政策之下，大企业更容易从银行获得贷款，而且能通过削减工资、提高生产效率、降低产品成本等手段来应对紧缩政策。

这就成为日本财阀复燃的潜在原因。说是潜在原因，主要是因为朝鲜战争才是直接原因。

毫无疑问，朝鲜战争为日本的经济发展带来了直接的利好消息。在三年的战争期间，美国从日本订货的金额达到9.8亿美元。这笔巨资除了刺激了日本产业的兴旺，还给这个国家带来了充足的美元储备。

日本的纺织业、汽车制造业、矿业、钢材等产业随之获得了巨大的商机，赚了个盆满钵满。随着日本经济的勃兴，美国人开始逐步放松了对日本的控制，他们把自己的大部分精力放在了朝鲜战场。朝鲜战争结束后，美国停止对日本的占领，让这个东亚屏障走向了独立。

独立之后，日本的大财阀们就忘记了美国人的"教诲"，重新走到了一起。

1953年，日本修改了《反垄断法》，放宽对财阀持股的控制，这像是一个信号弹，让财阀们迅速重新组合起来。

当然，财阀的聚合跟以前那种家长制度、家族管理相比还是有了巨大的不同，而且，除了美国人放松对日本的控制，日本金融业的变化也推动了财阀以新的形式整合到一起。

在道奇政策大行其道的时候，日本银根紧缩，银行成了老大，给谁贷款、不给谁贷款，由它们说了算，也成为日本各个产业界的财神爷，由此也奠定了银行与企业的关系。在欧美国家，银行和企业彼此独立，银行提供资金，企业负责还本息。但日本很独特，银行视贷款企业为自己的关联公司，会参与指导企业的运营。

这种金融领域的变化让财阀从家族管理转变为以银行为核心的新模式。以前，财阀的总公司是老大，他们说把钱给谁就给谁，但是现在，银行成了财源，其地位已经超过总公司，决定着财阀的命运。当然，很多大的财团，比如三井也有自己的银行，这就保证了一个财团内部的资金支持。

到了20世纪50年代之后，日本几大财阀所属的银行已经成为这个系统里的资金支柱，换句话说，在一个财阀内部，贷款问题基本上都通过自己的银行来完成了。

当然，这种体系并非完全封闭，也就是说，三井银行不仅给三井下边的公司提供资金贷款，同时也大公无私地帮助别的企业。这样一来，日本财阀与财阀之间就结成了新的联盟，它们通过商社公司与银行结结实实地捆绑在了一起。

除了银行贷款，财阀内部和财阀之间开始实行交叉持股的模式来重塑日本企业界之间的关系。1952年，一件轰动日本商界的大事件使得交叉持股成为一种新的模式。那一年，三菱财团旗下的阳和不动产的股票被一个日本投机商人大肆收购。三菱财团领导人大怒，他们召集了11家下属企业筹集资金，用高价把阳和不动产的股票都买了回来，让这家公司重新回到三菱的怀抱。

这件事情之后，日本财团意识到，要想保证财团的最佳完整态势，必须交叉持股，共存共荣。

很快，三井、三菱、住友这三家财阀的直属公司开始了大张旗鼓的交叉持股运动，这种互相持股的比率在1952年是7.1％，到了1955年飙升到了11.5％。①

在交叉持股基本上完成之后，日本财阀又开始沿用以前的名字，恢复了过去的商业经营模式。比如，中央生命保险公司又改回名字叫三井生命保险公司，千代田银行恢复为三菱银行，大阪银行还叫住友银行，等等。

那么，重新恢复身份的财团们又如何实现利益共赢、内部管理的呢？交叉持股是一种新的经营模式，是西方国家根本不了解的方式。为了增加一个财团内部的凝聚力，公司与公司之间开始定期或者不定期地举办会议，商谈财团战略。

比如，三菱财团有星期五会议；三井有星期一会议，后来改为二木会并一直沿用到今天；住友财团的经理会议叫白水会……总之，日本原本的四大财阀通过各种方式重新走到了一起，在此就不一一详细叙述了。不过，发生大变化的是安田财阀，它的变革故事颇具传奇性。让我们慢慢回顾一下吧。

自我救赎之路

当日本军队在东南亚横行无忌的时候，一个青年人敲响了坐落在静冈县一座寺院的大门。开门的是一个老和尚，他低声问年轻人："何事？"

那个年轻人表情痛苦："大师如何看待日本在战争中的表现？"和尚微笑着说："日本必败。"

听了老和尚的话，年轻人叹了口气，默然离开了。

几年之后，他站在东京肃杀的街头，和无数人一起聆听了天皇的投降宣

---

① 引自《昭和经济史》一书。

言。他知道，老和尚的预言应验了。这个人叫岩佐凯实，生于1906年，当日本宣布战败的时候，他是安田银行的总裁。

天皇那沙哑的声音钻进岩佐凯实的耳朵，他看了一眼脚下，泪如泉涌。让岩佐凯实伤心的并非日本败北，而是因为，他执掌的安田银行大楼已经被美国空军炸成了一片废墟。这对岩佐凯实和所有安田人来说，都是致命的打击。

安田财阀历史悠久。在德川幕府末期，天下纷乱，安田善次郎冒着风雪从老家来到了这里，他经历了无数苦难、贫穷，遭遇了无数鄙视和冷漠之后，终于在这里开设了自己的银两兑换店，并且取名为"安田屋"。

在之后的岁月里，安田善次郎励精图治，把安田屋经营得风生水起，成为能和三井银行、三菱银行、住友银行分庭抗礼的金融大鳄。

安田善次郎去世之后，安田银行虽然也危机不断，但还是坚定地前进，度过了人事斗争、金融恐慌、战争冲击等一系列天灾人祸，才有了今天的面貌。

可惜的是，美国的B-29轰炸机还是无情地摧毁了安田善次郎一手创办的安田银行。

站在废墟中的岩佐凯实，刚刚39岁，身材矮小但体内热血沸腾。他知道，扫开废墟之后，就是平坦的大地，在这幅画卷上，他还能谱写新的历史。

第二天，岩佐凯实召集旧部，发表了安田银行新的宣言："日本的复兴，不可能依赖军国主义。产业的复兴中，金融，一定能够扮演重要的角色。"

接下来的几天，岩佐凯实异常忙碌，但内心又非常空虚。他一方面召集员工重整事业新版图；同时，他也在耐心等待着美国盟军司令部的各种经济政策。这个过程短暂而又漫长，心情则是急切而又充满着焦虑。

终了，美国对日本财阀的政策尘埃落定，安田率先宣布解散。

与此同时，安田家族的领袖们集体辞职，离开了自己负责多年的岗位，在这之后的两年里，美国占领军不断督促安田进行改革，企图浑水摸鱼留在安田内部的家族成员也一一被清除。而那些与安田家族没有血缘关系的年轻领袖们则趁此机会，脱颖而出。安田公司内部的资料用充满激情的笔调写道：美国对安田的改造就像当年的"明治维新"一样，让年轻人力挽狂澜，拯救企业。

经过与美国人的漫长博弈之后，安田银行被改名为富士银行，开启了新的篇章。

在富士银行走向正轨之后，岩佐凯实意识到，未来的日本必然将冲破封闭的樊篱，走向世界，于是，在他的力推之下，富田银行成立了国际部。这个部门成立的初衷有两点：一是为了迈向国际市场；二是为了和大企业建立合作关系。

关于第二点，岩佐凯实是这样思考的：三井银行、三菱银行都是生存在大财阀的背景之下的，与它们合作的伙伴也都是这些财阀内部的工业企业，能给它们带来足够的利润空间。而安田财阀一直是一个金融财团，缺乏制造业的支撑，这是它最为薄弱的环节。岩佐凯实希望改变这种状况。

岩佐凯实认为，其他财团之所以能在二战之后迅速摆脱战争的阴霾，走上复兴之路，最关键的因素在于它们都有商社的支撑。于是，岩佐凯实决定也成立一家商社公司，并且凭借这个公司构建起银行和实业联系的纽带。

这对安田来说是一个崭新的开始，为什么我们在这里特意提出安田财阀的改革呢？就是因为安田经过战败、解散和恢复之后，完全体现出了一种不同于三井、住友和三菱财团的新模式。客观地说，安田是在二战之后才成为一家综合财团的。而这个过程持续了十多年，一直到1966年左右，安田财团才正式建立起来。当然，那个时候，它已经不叫安田而改叫芙蓉财团了。再后来，芙蓉财团又一次改名，成为今天的富士财团。

安田迈出的第一步是合并了丸红公司。丸红原本是三井旗下的商社公司，在二战之后脱离出去。安田看中了丸红公司强大的营销网络和信息收集能力，便出巨资将它收入囊中。

有了商社公司之后，安田开始向实业大踏步地进军。

在安田，或者说在富士财团的旗下汇集了诸多优秀的企业和不可一世的企业家。鲇川义介就是其中之一。今天大家提起日产，第一时间就会想到日产汽车。但实际上，日产本身也是一个综合财团，像日立公司、日本矿业、日本水产等公司都是日产财团旗下的企业，当然还包括支柱公司日产汽车。

在日产财团的参与下，在丸红商社的运作之下，有13家小财团纷纷加入到芙蓉财团。这样，聚焦于汽车、电子产品和化工业、金融业的新式财团就成立了。跟老财团一样，芙蓉财团也保持着定期召开经理会的惯例，以保证整个财团的步伐一致，经理会的名字叫芙蓉恳谈会。

跟芙蓉财团类似的新财阀还有三和与第一劝业。这三个新财团的特点都是财团开设银行，通过产业投资，渗透到各个行业，形成崭新的割据之势。而每一个财团，不管旧的还是新的，都有经理会作为纽带让整个财团联系在一起。

经理会并非一个松散的组织，实际上，在某些时候，他们对于旗下公司的人事任免有着生杀予夺大权。譬如，东芝公司的前任社长叫土光敏夫，在此之前，他是三井旗下石川岛播磨重工公司的社长。在东芝出现经营危机的时候，三井财团通过经理会，直接委任土光敏夫为东芝社长，拯救公司于水火之中。

　　除了经理会以外，新财阀的另一个特征就是加强了商社公司在整个财团中的核心地位，类似于三井物产、三菱商事以及丸红这样的公司在财团内部组织融资、资金调配；对外，它们协同财团内部企业共同投资海外，赚取利润。

　　这种模式非常强大，从20世纪50年代开始，商社的势力就不断扩大，通过它们财团又不断扩张自己的势力，形成了强大的产业集群。这个怎么理解？比如三菱财团，通过三菱商事的投资，在20世纪60年代末期拥有了将近200家关系公司，这些公司要么持有三菱商事的股份，要么作为三菱财团的外包商独立存在，其销售额在1969年达到了3000亿美元，不得不让人赞叹。

　　在这里，我得强调一下日本财团发展的伟大力量，这和中国的大企业路径形成了鲜明的对比，当然跟美国也不一样。日本财团对关系公司采取的措施是扶植、培养。它们入股一家企业之后会为这家公司提供充足的发展养料，为它们带来滚滚利润；而中国或者说美国企业的模式是，通过资本运作，收购一家公司，等着公司赚钱之后，再卖出去，赚取差价。

　　这两种方式没有好坏之分，但从一个行业的发展来看，日本模式无疑更有利于增强产业的领导力。

　　到了1955年，三菱商事、三井物产的名字都出现在财富五百强的名单上。而耐人寻味的是，三井物产的社长曾经说："这个世界上，从鸡蛋到核弹，我们都参与。"

第四章

电子在燃烧

技术革命引领财富之路

今天回顾日本经济史的时候，还有很多人羡慕嫉妒地说，日本的崛起有它必然的、不可复制的原因，那就是美国人的帮助。

这句话说对了一半，日本的崛起的确有它不可复制的孤本意义：风生水起的近代化历程、席卷所有国民的战时统制、绝无仅有的美国式民主化改革……而这些历史交织在一起之后，才构成了独特的日本。

但总有某种精神能让我们动容。抛开特定的历史条件、国家命运和地域特征，抛开国际纷繁复杂的外部变局和诡异难测的未来流向不谈，寻找这个国家商业精英的内在精神可能更加可贵和有趣。

至少从20世纪50年代开始，或者从更早之前，日本人就有一种造物的欲望，在他们眼中，伟岸的经济体不应该建立在虚无的数字之上，而应当屹立于实打实的产品、工业和机械之上。于是，当复苏的曙光缓慢闪亮，当外界的牵制逐渐放松之后，这个国家开始走向自强自立，开始探寻属于自己的发展路径。

失落中的崛起：日本商业的突围与重生

纵观20世纪50年代，日本经济最大的特色是电子产品的不断丰富和崛起，而在60年的世界经济大潮中，日本电子产业也经历了诸多波折和苦难，但依然在全世界保持了绝对的领先地位。另一方面，几乎被人们忽略的是，几大财阀在被美国解散之后，却又以新的形式存活了下来，它们和代表那个年代新经济增长产业的电子行业结合在一起，互助互利，分割世界商业版图。与此同时，美国开始把注意力从日本转向西方，渐渐放弃了对日本严酷的统治，把这个岛国当做一个基地或者跳板来抑制社会主义阵营对世界的冲击。这无疑给日本商业带来了好消息，为朝鲜战场提供物资刺激了大部分日本产业的飞速发展，为60年代日本的真正崛起提供了一次绝佳的机遇。

今天，很多人都会拿当下的中国与彼时的日本进行比较：同样是飞速发展，同样诞生了无数剽悍的企业家，同样依靠制造业打入国际竞争的大市场。但不同的是，日本的商界虽然搭上了朝鲜战争的顺风车，但其商业精神的底蕴已经延续了数百年，无论是灾害还是战争，都没有让它中断。即使有些时候，这种精神躲在时代的夹缝里痛苦地呻吟，但毕竟还是传承了下来。所以，今天我们崇敬的经营四圣（松下幸之助、本田宗一郎、盛田昭夫、稻盛和夫）、经营之神、经营之圣都没有经历过类似于中国第一代企业家那样的原始考验，因为，对日本来说，那个时代已经过去，埋进了尘烟之中。

虽然电子产业在当时是一个新兴行业，但毫无疑问，松下电器应该算是老牌领袖了。在二战结束之后，松下电器在松下幸之助的率领下度过了将近30年波澜壮阔的历史。

日本投降之后，财阀被解散，松下公司也很危险。因为公司在战争期间给军方提供了很多军用物资，所以招来了美国人的反感。他们要求松下幸之助离开公司，回家务农。

这个消息一传到公司里，群情激愤。15000名员工集体罢工，他们写了份血书，每个人都签字画押，然后送到美军司令部，要求留下松下幸之助，延续松下的命脉。

员工认为：第一，为军方提供物资并不是松下幸之助的本意；第二，在公司最困难的时候，他坚持不裁员的方针，赢得了所有人的尊敬。

美军司令部和日本政府迫于压力，最后同意留下松下幸之助。后来的事实证明，当时美国人和日本政府做出的决定是万分英明的，因为，如果他们坚持灭了松下，那就不会有这家百年老店了。

到了1950年，松下公司的资产达到了27亿日元，是日本名副其实的大公司。当然，松下幸之助并不满足于此，他决定去趟美国，了解最先进的技术革命。

在美国，松下幸之助最大的发现是收音机。这玩意儿在美国卖得很好，主要是价格便宜，仅24美元一个。而当时美国一个工人的日均工资是12美元，也就是说，干两天活就能买一个收音机。

松下幸之助算了笔账：在日本，一台收音机价格是9000日元，而一个工人一个月的工资是6000日元。也就是说，一个工人不吃不喝苦干一个月，还买不了一台收音机。

为什么会造成这样的差距呢？松下幸之助认为，美国的收音机体积小、携带轻便，制造成本自然很低。而日本的收音机体形庞大、工艺粗糙，产量很低，所以价格就高。

松下幸之助决定优化收音机，让它走进寻常百姓家。

经过市场调查和不懈的努力，松下幸之助终于开发出质量更优、体积更小的收音机。但起初，这种产品并没有获得认可，松下的代理商们反而遭遇了无数次的退货。

松下幸之助买回了几台收音机，潜心检查。经过几天几夜的研究，松下幸之助发现，这种改良的收音机其实没有大家想的那么差，也没有什么大毛病，主要就是类似螺丝没拧紧这样的小细节影响了产品质量。

松下幸之助找到制造商，告诉他们在工艺上应该再严谨些。可是得到的答案是："我们只能造成这样，不满意自己弄去啊。"

松下幸之助一点儿都不沮丧，自己弄就自己弄！他立刻调集几个人组成了专门小组，用来开发最完美的收音机。

经过几个月的努力，松下电器终于研制出了自己独立研发的收音机，之后不久，他们又把真空管引进收音机，产品立刻在全国受到热烈欢迎，松下也成为当时收音机销量冠军企业。

业绩的飞快提升，让松下幸之助决定走出日本，迈向全世界。

松下幸之助第一个重要的海外合作伙伴是荷兰品牌飞利浦。这家公司是世界上首屈一指的电子业巨擘，对于成长中的松下来说，如果能和它合作，绝对能获得巨大的提升。

但是，松下幸之助拿到合作合同的时候，惊呆了。合同里说，双方可以合作开厂，但是，松下要出大部分投资额，还要给飞利浦7%的技术指导费，提前支付50万美元。这可是一个非常苛刻的条约了，美国人的技术指导费不过才3%，何况还要提前支付飞利浦一大笔钱，这笔账到底划算不划算？

松下幸之助决定先跟飞利浦讨价还价一番。没想到飞利浦坚决不同意降低价格，反而劝松下幸之助说，我们的合作伙伴都具有良好的信誉，我们也是看中了松下30多年发展的历史和成绩才跟你们合作的。

松下幸之助仔细想想，还真是如此，那时候，飞利浦在海外的合作伙伴非常之少，一般在一个国家只有一个合资工厂，这说明飞利浦对挑选伙伴的确有严格的要求，既然挑选如此谨慎，那么，这样的合作对于提升松下的产品质量意义深远。

1952年，松下幸之助和飞利浦合资开办了松下电子工业股份有限公司，总部设立在大阪（一直到现在），主要生产电灯泡、荧光灯和真空管等电子产品。这家工厂应该是日本企业与外资合作的典范，它大量引入了欧洲的设备，提升了效率，产品质量也赢得了消费者的认可。

最重要的是，凭借着和飞利浦的合作，松下的产品也进入了欧洲市场，成为西方人热爱的产品。

1959年，松下美国公司成立，正式开始了它征战海外的旅程。

也几乎是在同一时期，松下幸之助作为日本最知名的企业家开始不断丰富自己的管理理念，他开始把目光从产品转移开去，让自己陷入哲学层面的深思。

他常常一个人坐在黑暗中冥想，他在接受采访的时候总是说，"我现在关心的是人性"。

关心人性的松下幸之助善于把经营理念和哲学用最粗浅的话表述出来，跟后来的经营大师稻盛和夫比起来，松下幸之助的哲学更加世俗，比如下雨打伞①、水库理论②，等等。这可能和松下幸之助的出身有关，他没受过什么教育，没有盛田昭夫那种国际化视野，也不像稻盛和夫那样赶上了互联网的浪

---

① 下雨打伞：企业及企业家要时时刻刻关注内外部环境的变化，未雨绸缪，居安思危，关注变化，关注大势，关注顾客及市场。也就是说，不能光低头赚钱，还要抬头看天。

② 水库理论：企业要聚集能量，像水库蓄水一样，这样遇到外部恶劣环境的时候，才能渡过难关。

潮。从本质上来说，他是典型的旧日本式的商人，保持着传统的习俗。他的语言朴实无华，虽缺乏华丽的辞藻，但极为实用，能在最短的时间内打动员工。比如，他告诉员工，创造出好的产品需要必死的决心。用生命来做赌注就有勇气去应付一切困难。

那么，什么是必死的决心呢？松下幸之助解释说，人活着其实都在死的悬崖，比如交通事故、地震、火灾，等等。既然活着都可能随时死去，那就得把造物当做最后一件事业来做。这就是必死的决心。

很多人都渴望从松下幸之助的言论中能获取一些经营的真谛，可是，如果你真的纵览他的一生会发现，那些道理都极为粗浅，比如要诚信、要进取，等等。但毕竟松下幸之助开创了一种总裁哲学。比起他的前辈，松下幸之助更乐于将自己的管理经验概括成某种朗朗上口的口号，擅于用最简单的词句让员工迅速领会他的经营理念。

后来，他的经营理念就开始被四处传播，后晋的企业家们热爱引用他的只言片语，早期的张瑞敏更是把他的思想贴在海尔工厂斑驳的墙上鼓励员工。几年前我曾经参与《松下幸之助管理日志》的编纂。我深深叹服他能用粗浅语言阐述深刻道理的能力。从某个维度来看，松下幸之助恐怕是世界企业历史上第一个将管理学上升为世俗哲学的大师。在他之前，或者说，与他同时代的人中，唯有德鲁克能与之媲美，但德鲁克是学者。松下是实践者，同时也是一位学者。

一出生就国际化的索尼

毫无疑问，松下最大的对手就是索尼。在松下员工的视野里，绝对不能出现索尼的产品；而对于索尼来说，对于松下也要绝口不提。另一方面，虽然这两家公司在产品领域有很多交集，但又风格迥异，甚至看起来毫不相关。

比如松下电器一直很传统，在一般人眼中看似陈旧、保守，墨守成规。领导人也极端低调，虽然松下幸之助以大师、哲学家的身份出现在公众视野，但在他之后，很少有一位公司领导人能具有如此强大的知名度，他们大都一丝不苟地坚守在自己的岗位上，带领松下电器这座巨型航母平稳前进。

索尼从一开始就不一样，它的创始人盛田昭夫接受的是西方的教育，热衷于古典音乐，而在他之后的领袖们也都具有类似的气质。他们喜欢开派对以求扩大自己的交际圈，他们热衷于在媒体面前表现自己的人格魅力而不单单是只谈产品和设计，他们从一开始就渴望融入西方世界去而拒绝承认自己是一家日本本土公司。很多年后，他们甚至聘请了一位西方人担任公司的首席执行官。

这就是索尼与松下的区别。

我非常喜欢盛田昭夫的老家，这个坐落在名古屋以南的叫做常滑市的小镇。这里树木苍翠，不高的山丘上面就是湛蓝的天空。深吸一口气，就能爱上这个寂寥的小镇。

而让人想象不到的是，这个小镇的人大部分靠手工活求生存，他们制造的陶器享誉整个日本，甚至远销海外。

索尼的创始人盛田昭夫于1921年出生在这个充满魅力的小城。他的祖上都是深谙经营之道的商人，依靠经营酒业让家族生意传承了上百年。

1938年，盛田昭夫进入大阪帝国大学专修物理学。在这段日子里，盛田昭夫几乎天天待在实验室里研究各种机械，而强大的大阪帝国大学也为他提供了取之不尽的各种素材和知识。后来盛田昭夫回忆说，"那段时间是我创业的开始。"

　　除了刻苦做研究和实验，盛田昭夫也坚持给杂志、报纸写稿，宣传自己的科学主张。1939年，他曾经在一份报纸上写下了这样的文字："如果能把原子能利用起来，可以造出强大的武器。"当然，日本军方没有注意到这篇文章，如果看到了，也许，历史会更加黑暗。

　　那时候，军方热衷于折磨大学生和普通民众。他们都成为日本军部的棋子，帮助这些侵略者完成霸占地球的梦想。

　　盛田昭夫也未能幸免，作为一个物理学者，他被强行安排进一家研究所做光学研究，成果作为军部侵略的武器使用在广袤的亚洲战场。

　　这对盛田昭夫来说，其实是个好机会。因为研究所里汇集了当时日本顶尖级的物理学家，从他们那里，盛田昭夫看到了这个学科最新的研究成果。更重要的是，在那个地方，他结识了自己一生的朋友、战友和创业同盟——井深大。

　　当时，井深大在经营一家探测设备公司，也被军部拉来进行光学研究。井深大比盛田昭夫大了13岁，父亲是基督徒，经营一家钢铁冶炼厂。而井深大的祖上也出身武士阶层，门第显赫。

　　在这个并不大的研究所里，盛田昭夫和井深大相识了，之后，他们共同执掌索尼公司长达40年之久。在40年的漫长岁月里，这两个人建立了一种奇特的关系。井深大是公司的总工程师，他每次研究出什么新东西总是兴冲冲地第一个告诉盛田昭夫；而盛田昭夫每次从美国给儿子带回来的机械玩具都会先被井深大"蹂躏"一番。

　　他们几乎每天都在一起吃饭，一起喝酒，一起讨论工作。井深大热爱各种修理工作，他会对着秘书高喊："帮我找个螺丝刀！"而秘书一筹莫展地看着他。井深大会继续高喊："盛田昭夫的第三个抽屉里有，你去拿吧，要快！"

当然，他们也有不同的地方，比如，井深大容易冲动，性格中有童真的部分；而盛田昭夫则相信实用主义，沉稳老练。这对理智与情感的原型人物也曾经因为性格冲突发生过强烈的争执，但他们的分歧不会超过一个小时，很快，这对最佳搭档又会和好如初，继续并肩作战。

和盛田昭夫一样，井深大从小就喜欢造物，热衷于把所有玩具都拆了，然后再一块块地组装起来。进入早稻田大学之后，井深大依然沉迷于造物，他自己组装的扩音器广受好评，还被东京一个运动场所采纳。

1930年，这个聪明的年轻人又发明了动态霓虹灯，可以利用声波来控制光的强度。这个奇特的发明让井深大声名鹊起，作品获得了1933年巴黎万国博览会发明大奖。

大学毕业之后，井深大先去东芝公司的前身岐番花电子公司面试。当时，会议室的桌子上有一个被拆开的收音机。井深大立刻被吸引了。面试官正襟危坐，有条不紊地向他提问。而这位发明家全然听不进去，一直在注视着收音机。

结果很显然，他被拒绝了。

在之后的几年里，井深大换了很多次工作，他一直在寻找一种独特的环境：既给他发工资，又能让他自由地进行科学研究。幸运的是，这样的公司还真有，有几位老板看中了他的才华，不在乎这个年轻人能给公司带来多大的收益，而是全力支持他做自己喜欢的研究。

但问题是，这样的机构本来就不多，等到二战爆发之后，它们无一例外沦为了军部的附庸，再也没有多余的资源让井深大自由展示才华了。

就这样，井深大挨过了战争的洗礼，当天皇宣布日本投降的声音从收音机传来的时候，他又一次露出了微笑："我们的时代来临了。"

井深大决定东山再起，他来到废墟一片的东京，开始了自己的新事业。

啃老创业路

这时候，盛田昭夫也决定加盟，和井深大一起开始创业之旅。起初，盛田昭夫的父亲不同意儿子创业，在日本，即使家族在经营一个濒临倒闭的小卖部，长子也必须继承家业，忘记理想。

可是他最终还是被盛田昭夫和井深大说动了，不仅同意两个年轻人自立门户，还给他们提供了19万日元的投资。这笔钱按现在的价值换算应该是六七万美元。而在日本那个困难时期更是一笔天文数字的巨款。

不过，这的确是一笔伟大的投资，直到今天，凭借着这笔投资，盛田家族还掌控着索尼公司10%左右的股份，如果换成现金，绝不会低于50亿美元。

当然，那个时候，盛田昭夫的老爹还没看得那么长远，他只是把自己所有积蓄都拿出来，支持儿子创业而已，虽然他可能模糊地意识到自己的后人会造就一个伟大的公司，但绝想象不到他能走那么远。

事实上，伟大的企业家和会赚钱的企业家最大的区别就在于，前者有着极强的敏锐的洞察力，当他还一无所有、一文不名的时候，他就知道自己今后会构建一个什么样的公司。

井深大和盛田昭夫就是如此。1946年5月7日，索尼公司的前身东京通讯工程公司正式成立，井深大任董事，盛田昭夫任总经理。在成立仪式上，井深大宣读了一份长达两万多字的"创业计划书"，从中你能窥视到这个工程师出身的创业者的理想工作：组建公司的目的是为了创造理想的工作场所——自由、充满活力和快乐。

这是一份独特的"企业计划书"，如果放在今天，可能得不到任何一家风投的青睐。因为，你看不见盈利模式，看不到财务分析，看不到公司未来的规模。唯一能看见的就是这家公司企图塑造的氛围和有点天真的理想主义情怀，而风投者对这种东西根本不感兴趣。

但是井深大执着地实践着自己的理想，他明白，快乐的工作氛围是为了塑造伟大的产品。在这家公司成立的前五年里，他们不断进行艰苦的钻研，同时敏锐地观察自己的国度，寻找民众真正需要的产品。

1946年，索尼历史上第一个具有划时代意义的产品诞生了，那就是——电饭煲。电饭煲的灵感来自于烤面包机。井深大一直觉得，面包机是西方人喜欢的东西，日本人最喜欢吃的还是大白米饭，如果把面包机改良一下，是否能让米饭迅速蒸熟呢？再加上战后日本资源匮乏，而电力是非常容易获得的，于是，井深大决定制作出一种电器能让米饭快速变熟。

他在一个木桶下边装上一根铝丝，通上电，电饭煲就诞生了。井深大又把这个东西进行了改良：当桶里面的水全部蒸发之后，电饭煲就会自动断电。这基本上也是今天电饭煲的原理。可是，这里面有个问题，就是对米的质量要求比较高。如果用火来煮饭的话，水的多少比较容易控制，但电饭煲很难控制。所以，如果米的质量不好的话，做出来的大米饭会非常难吃。而当时日本的大米紧缺，质量就可想而知了。

当时井深大没有看清这一点，他一下子收购了一百多个木桶制作电饭煲，但销量不佳。井深大只好自己坐在办公室里，吃着难以下咽的米饭思考人生了。

不过，电饭煲还只是个概念产品，并没有影响到公司业绩。这家小公司凭借着给老百姓修收音机，依然能勉强度日。

后来，井深大又对收音机进行了改进，让日本人不仅仅能听到国内的节目，还能收到国际台，这又让公司获得了一笔不小的收入。

我们知道，索尼前身东京通讯株式会社成立的那一年，日本已经逐渐从阴霾中走出来，虽然他们依然面临着美国集权式的民主改革，面临着食物紧缺、通货膨胀的压力，但人们似乎已经看到了新的希望在冉冉升起，人们不再觉得自己生活在无依无靠的孤岛上，更愿意凭借着自己的双手走向未来。

对于创业者来说，他们不在乎蜗居在狭窄的办公室，用简陋的工具一次次地试验伟大的产品；他们也不在乎从最底层的修理工作干起，只要能赚钱让公司运转，只要能从遮蔽满天的树叶中看到一缕阳光，他们就愿意坚持走下去。

不过，可以想到，在那个所有东西都匮乏的年代，创业要比今天艰难得多，银行贷款被政府牢牢控制，风投更是还没诞生，所有的公司运营资金基本上都要靠私人投资来获得。

东京通讯就在这样一个孕育着希望又笼罩着乌云的环境里诞生了。但让盛田昭夫和井深大感到幸运的是，自己的公司并没有因为资金短缺而陷入困境，反而，他们有足够的钱来支撑自己的研究工作。这笔不小的资金一部分来自于盛田昭夫那个伟大的爹，还有一部分来自于一位声名显赫的人物。这个人物和他背后的公司一直默默支持着盛田昭夫，直到2011年3月，当日本发生罕见的大地震的时候，这家公司依然凭借着强大的实力，帮助索尼渡过难关，转危为安。

主管这家公司的人叫多岛通阳，他和井深大的老丈人关系极为密切。而多岛通阳本人是一个名声在外的金融家，他曾经担任昭和银行总裁，是贵族院的成员，权势可见一斑。

后来，这位多岛通阳又把东京通讯这个刚刚崭露头角的公司推荐给原三井银行的行长万代顺四郎。这下你就明白了，索尼公司在这个时候和三井银行建立起来了千丝万缕的联系，索尼依靠三井银行的资金和三井物产的信息收集能力，不断在世界各地获取拓展市场的新机遇。

比如，当东京通讯刚刚成立不久，万代顺四郎就下达命令，让三井银行投资东京通讯刚刚发行的股票，从1947年到1950年，在三井银行的投资下，东京通讯的资本额从18万美元飙升到36万美元，整整翻了一倍。

直到今天，三井银行依然有人作为独立董事在索尼公司内部工作。

强大的资本驱动力、卓越的技术眼光，索尼想不创造辉煌都难。

在公司创立并且走向正轨之后，井深大开始从"声音"完成自己的创造。契机来自于1947年，井深大有机会去参观NHK大厦。那时候，NHK还控制在美国人手中。井深大在大楼的一个角落里发现了一台录音机。美国人非常虚荣地想显摆一下自己的科技能力，把一盘磁带放进录音机，然后，井深大就听见了优美的音乐。

这件事情对井深大触动极大，他兴奋地大声欢呼、欢蹦乱跳，他相信这个小东西足以变成一个伟大的产品，改变日本人的生活方式。

回到公司之后，井深大像中邪了似的开始研究录音机。他把公司的工程师叫来，告诉他："我发现一个新东西，把褐色的袋子缠绕在一个轴上，然后外边用塑料封起来。这东西放进一个机器里就能出声音和音乐，你给我造一个出来吧。"

工程师完全没听懂领导的意思。井深大也明白，这东西的确很抽象，也很难描述清楚。于是，他收买了一个美国人，从他们那里借来了一台录音机给工程人员演示。

结果，当然是大家都震惊了。所有人都说，日本真的需要这个东西，如果东京通讯能第一个研究出这玩意儿，一定会一炮打响的。

盛田昭夫和井深大决定开发录音机，他俩几天几夜没睡觉做了一项预算，结果是，要想造出录音机，需要30万日元。

投资者，也就是盛田昭夫的父亲起初依然不同意这笔支出，但结果很容易预料，那就是反对无效。一直到今天，你都会发现，索尼是一家非常强悍的公司，他们常常能凭借自己的口才和能力说服投资者放弃反对意见。

钱有了，但开发工作依然艰难。他们采取了最为原始的方式来开发这项伟大的产品。当时，磁带的主要原料是草酸铁，人们需要把这东西加热然后做成磁粉。不过，在那个吃大米都成问题的年代，要想买到草酸铁就必须去黑市上寻觅。

盛田昭夫和井深大二话不说，直奔黑市。虽然当时日本的黑市还是挺安全的，但毕竟是黑市，也暗藏各种欺骗和凶险。

盛田昭夫和井深大在黑市上整整逛了三天，才买到了草酸铁。

原料是有了，但加热又成了问题，原因很简单，他们没有合适的锅。后来，一位工程师从家里把平底锅找来了，他们架起火就开始加热。最后，草酸铁分解成四氧化三铁和氧化铁，而氧化铁就是磁粉的原料。

井深大他们面临的问题是，没有塑料，无法做基片。基片就是磁粉附着的那个塑料带子，也就是咱们小时候，为了反复听一首歌，也为了省电，用铅笔旋转让黑带子回到原位，那个黑带子就叫基片。

没有塑料怎么办呢？井深大和工程师们想了很多替代原料，比如纸张，可是纸张这玩意儿一摩擦声音就巨大，刺啦刺啦的，比录音机放出的音乐声音还大。

后来，盛田昭夫找到了自己表兄开的一家造纸公司，从他们那里买来了一大包牛皮纸，然后裁成极细的纸带用来涂抹磁粉。没想到，牛皮纸还真不错，光滑圆润有韧劲，不易折断，非常符合做基片。

就这样，索尼历史上第一盘磁带诞生了。

死活也要卖出去

就这样，索尼从一无所有的公司造就了跨时代的产品；一个自己去黑市买材料的老板成为日本的经营之圣，灵感之火加上不懈努力，使索尼呈燎原之势。

在之后的日子里，索尼公司不断更新自己的产品，以让它们变得更轻便、更实用，也更便宜。在很长时间里，索尼公司的工程师坚持着这种艰苦的研究风格，他们不在乎硬件多么残缺，不在乎环境多么恶劣，造物像一个强烈的磁石，在那个极其简陋的办公室里吸引着每一个人。

就像一位在索尼公司工作了很多年的元老所说的那样，那时候的工程师更像一位大厨，他们在平底锅里放上草酸铁烘烤，然后再提炼；他们用刀把牛皮纸裁切成小细条儿，然后把这些东西组装在一起。

这种让天地动容的研究精神终于在1949年取得了革命性的进展。一位工程师对着麦克风说："今天是个好天气啊！"几分钟后，录音机里传来了同样的声音。索尼为了纪念这盘磁带，特意把它命名为"会说好天气的纸"。从那之后，索尼公司每一个人的脸上都洋溢着如阳光般灿烂的笑容。

不到一年，索尼公司独立研发的录音机问世了。这个东西重达100磅，价格为16万日元。

16万日元是个什么概念呢？当时，一个政府公务员的工资（应该没啥灰色收入）是一年7万日元，换句话说，买一台录音机比我们现在买台车还要难。

索尼公司共生产了50台这种录音机，但在接下来的两个月时间里，他们一台都没卖出去。井深大和盛田昭夫非常绝望，虽然他们一次次站在大街上向路人展示这个奇妙的发明，大家也纷纷表示关注，但没人愿意花大价钱买一台不能吃喝的录音机。

后来，还是三井银行的高层帮助了索尼公司。这位高管让井深大在东京法院做演示，获得了法官的极大兴趣。当时法院最为头疼的问题就是，大家说话语速都很快，尤其是法庭辩论，根本记录不下来，要是有了这玩意儿，那就不用发愁了。

东京法院决定购买20台。

教育部一看法院买了，咱也不能落后，他们也预定了10台，而且同时表示，如果索尼能研究出更轻便的录音机，我们就要求学校都购买一台用来教学，再苦也不能苦孩子，一定要让孩子们享受高科技。

井深大很兴奋，他又开始和工程师窝在实验室里进行疯狂的实验。

凭借着不懈的努力，井深大又对录音机进行了改良，体积比之前的小了一倍，价格也是之前的一半。盛田昭夫很高兴，他拿着新录音机奔波在各个学校进行推销，很快，新录音机就卖得脱销了。

在之后的两年里，索尼公司的录音机不断变小，变薄，变便宜，而它们的销量也在不断刷新，半年就售出了3000台。这对一家刚刚成立不久的公司来说，曾经简直是遥不可及的梦想。

更重要的是，录音机改变了人们的生活方式，就像今天的iPhone改变了移动通信行业的格局一样，录音机也改变了人们过去寂寞的生活方式。

大街上随处可见边走路边听歌的人，随处可见新闻记者拿着录音机采访，随处能听到从家里传出的优美的音乐声。人们不再为时间的逝去而过于伤感，因为即使老了，也还能听到年轻时候自己发出的声响（那时候，还不知道啥叫DV）。

就在所有人都沉浸在录音机给生活带来的巨大冲击的时候，井深大已经把兴趣转向了晶体管。作为一个工程师和技术人员，他不会为自己已有的发明过于欢呼雀跃。

井深大第一次注意到晶体管是在美国，当时，他参观了贝尔实验室的母公司美国西部电器公司，立刻意识到，晶体管将是日本下一轮技术更新的引擎。

经过努力，盛田昭夫从西部电器那里购买到了晶体管，而西部电器公司告诉他们：这东西除了能做助听器，还没别的用途。

对于刚刚从废墟中站立起来的日本来说，美国公司的话简直就是圣旨，没人敢质疑。但特立独行的井深大根本不听信这一套，他深信自己的洞察力，相信晶体管一定有更广泛的用途。再说了，助听器这玩意儿做得再美观，能有多大的销量呢？不可能人耳一个吧？

为了验证自己的眼光，井深大组建了一个特别研究小组，致力于晶体管的开发工作。这个小组汇集了公司内部，或者说日本最精英的工程人员，他们几乎都是从东京大学物理专业毕业，都对造物有着近乎偏执的热情。他们没日没夜地工作、阅读、试验。

1955年年底，井深大的研究小组获得了突破性的研究成果，他们制造出了功率为几百兆赫的晶体管，换句话说，把这种晶体管放进收音机里，就能缩小收音机的体积。后人管收音机叫半导体就来自于此。

1957年，索尼制造的能放在口袋里的收音机终于问世。说实话，当时他们制造的收音机还是挺大的，放口袋里还比较困难。盛田昭夫是个商业奇才，他告诉销售人员："收音机没那么小，你们就把口袋做大点儿。"

于是，在全国各地街头你能看见销售人员从大口袋里拎出一台收音机，告诉消费者："这么小巧，你的口袋就能放下！"

凭借着革命性的产品和精妙绝伦的销售技巧，1957年，索尼公司的收入达到了250万美元，雇员1200人。

公司发展虽然很好，但很显然，盛田昭夫和井深大这两位创始人并没有丝毫的放松和满足。井深大还在实验室里埋头研究，而盛田昭夫则背上行囊，准备去西方国家开拓市场。

两栖动物才能席卷世界

客观来说，盛田昭夫当时的想法的确有些高估自己了，一家只有1000多人的小公司，一个刚刚从战争中恢复的小国家，一个被美国人占领的土地上走出的企业家，他能获得什么呢？

当盛田昭夫双脚踏上美国土地的一刹那，他的确震惊了：钢铁造就的汽车穿梭在城市中间，摩天大楼几乎达到了天顶；宽敞的马路旁汇集的各种商店意味着这个国家商业的飞速发展。

在和西部电器公司短暂接洽之后，盛田昭夫决定去欧洲看看，准确地说，他想去看看德国，因为德国也是战败国，被人打得体无完肤，环境应该还不如日本吧？

可等他到了德国，看到的景象与他的想象大相径庭。奔驰、宝马、西门子这些产业界巨擘的发展彻底把盛田昭夫震慑住了，他切实感受到，自己国家与西方世界的真正差距。

不过今天看来，日本比中国早30年就勇敢地面向世界，看到了差距，树立了赶超的决心。而这种决心也是建立在不屈不挠地努力和孜孜不倦的追求上，这种决心根植在坚实的基础上，而不是虚无缥缈的"超英、赶美"的口号上。

还有一个值得深思的故事是，盛田昭夫在德国吃午餐，一个服务员端上来一块冰激凌，上面有一把制作粗糙的小纸伞。服务员为了表示自己博学多才，跟盛田昭夫说："这个东西（小纸伞）就是你们国家制造的。"

盛田昭夫觉得自己羞愧难当，恨不得把脑袋扎到冰激凌里。他在日记中写道："我多么希望有一天，日本制造不再是廉价、粗制滥造、低端产品的代名词啊。"

古人说，知耻近乎勇。

离开德国之后，盛田昭夫在荷兰参观了飞利浦公司。也是在这个时间里，他萌生了改变公司名称的想法。回到日本之后，他跟井深大商量，美国公司都是字母拼出来的，什么IBM啊、RCA啊、AT&T啊，听着就很国际化。您再看看我们的名字东京通讯株式会社，谁能记得住呢？

井深大同意盛田昭夫的建议，让他好好给公司取个名字。盛田昭夫想起来，公司生产的磁带上面都有SONI字样，这个单词来自于拉丁文SONUS，是声音的意思。盛田昭夫又想到了sunny-boy这个词，这个词很时尚，又能吸引年轻人的关注。

于是，盛田昭夫就把两个词拼到了一起，"Sony"就此诞生。从1955年开始，索尼的一部分产品开始使用这个标志，到了1958年，在说服了顽固不化的元老之后，公司正式更名为索尼株式会社。

与此同时，盛田昭夫开始攒足力气向欧美国家进军。但是，盛田昭夫的内心深处是有底线的，那就是，坚决不能单纯追求效益，而对索尼品牌造成损害。在1955年，盛田昭夫开始在美国寻找代理商，但无人问津。后来有一个代理商答应购买10万台索尼的收音机，但要求是必须使用他们公司的品牌，原因非常简单，没人知道索尼。

盛田昭夫的意思是，拒绝这笔买卖！虽然10万台是笔大单，不过这样一来，索尼公司就沦为了代工工厂，对企业品牌的树立毫无益处。

不过公司内部并不这么想。包括井深大在内，大家都认为应该先赚钱，再说品牌的事儿。他们频频给盛田昭夫发电报，让他放弃自己的理想，先把单子拿下来。被逼到绝路的盛田昭夫怒火中烧，他告诉董事会：我不仅仅是为你们负责的经理人，我还有更大的责任。

他所说的责任，其实就是自己的老爹对公司的投资。别忘了，盛田昭夫的父亲可是索尼最大的投资人。最终，董事会集体闭嘴，不再跟盛田昭夫叫板。

这并不是盛田昭夫最后一次依靠自己的权势来改变董事会的决议，一直到他退休为止，盛田昭夫无数次凭借权力来改变董事会的一些决定。

在和董事会纠缠的同时，寻找代理商这事儿终于有了眉目。井深大拜托他在三井物产的一位朋友，把索尼的产品推荐给了一位美国代理商。这家公司的确很有眼光，他看中了索尼收音机的小巧、轻便，当然还有便宜的价格。在之后的三年里，通过这家美国公司，索尼销售出了30万台收音机，同时，索尼的名声也开始在美国获得了广泛的知名度。美好的时代缓缓向着索尼打开了大门。

而盛田昭夫自己也逐渐融入美国人的生活当中。虽然他住在狭窄的旅馆当中，每天要自己洗衣服，吃着简单的自助餐，但他依然乐在其中，他除了工作就是和邻居聊天以此练习口语，偶尔他也会和代理商去百老汇看歌舞剧。他热爱西方的生活方式，不仅仅热切地希望自己能融入其中，更渴望自己的产品也能征服这片广袤的土地。

1957年，索尼制造出了世界上最小的半导体收音机TR-63。这个小家伙的售价相当于日本一个白领一个月的工资，但依然很快脱销。

同时，这款产品在美国也获得了巨大成功，仅仅是圣诞节这天，TR-63就卖出了将近30000台。

时至此时，美国人对索尼刮目相看。盛田昭夫决定在这里建立分公司。那是在1960年年初，刚刚建立的索尼美国公司并没有大家想象的那么宏大，也没有人相信，日后，这家坐落在老鼠横行的街道中的公司会成功收购哥伦比亚广播公司，成为世界级的娱乐帝国。

索尼美国公司建立之后的第一任总裁叫铃木方正，他是盛田昭夫的高中同学。这位高中同学曾经在三井物产工作，涉足石油交易领域，有着对商业无比敏锐的洞察力。

索尼美国公司刚刚建立的时候只有13个人，盛田昭夫坚持每个月有10天在这里度过，他和员工们一起没日没夜地工作。而所有员工都乐于这样奋斗和拼搏，他们这样评价盛田昭夫：在他创造的激动、紧张的氛围中，我们产生了巨大的热情。

在这种热情的驱动下，盛田昭夫在分公司成立一年之后，决定在美国上市。1960年秋天，索尼和东芝、日立、三井物产、三菱商社等100家大公司一起，向美国财政部门申请在美国上市并且获得批准。而这些公司中，索尼是最小的一个，却最被看好，原因就是索尼已经在美国人心目中树立了良好的品牌形象，而盛田昭夫也早就成为美国上流社会中的交际大师。

说到这里，可能很多人都会感叹盛田昭夫被西化的程度，时至今天，依然有很多人认为，盛田昭夫不是地道的日本商人，从小就听交响乐的喜好造就了他基因里的西方人的生活习惯和行为方式。

但事实真的如此吗？

盛田昭夫出生在一个特别传统的日式家庭里，他一出生的目标就是要继承家业，而他的家业又是颇具日本特色的制酒业。在这样一个近乎严酷的东方家庭里，怎么能塑造出一个西方人呢？

我一直希望找到西化面具背后的盛田昭夫。直到我在索尼公司的档案中看到了盛田昭夫的大儿子说的一段话，瞬间了然了，也更钦佩盛田昭夫的伟人精神。

他说："如果你想扮演一个国王，那你在任何时候都必须像个国王。我父亲对此非常在行。在他的心目中，他是盛田家的家长，是全日本成长最快的企业之一的总裁。他不得不表演，他不得不扮做世界上最善解人意的日本商人。实际上，我不认为这是真的。他从来就不擅长于其中任何的角色，包括作为一个丈夫，还包括作为一个父亲。"

原来，在人前八面玲珑的盛田昭夫不过是在表演，为了家业、索尼，他在不停地表演。而关于盛田昭夫家中的生活也验证了这一点。

他在家里面是绝对的大男子主义者，也是一位不容置疑的独裁者。就连几年后，盛田昭夫决定要去美国定居的时候，都没有事先通知家人，而是准备出发的前一天，才告诉全家：明儿咱们就去美国定居了。

在盛田昭夫家里，等级制度非常森严，大儿子、小儿子吃饭的座次都很有讲究，绝对不能乱坐。

最惨的是大儿子，他一生下来就必须要继承盛田家的家族生意，想干点别的，门儿都没有。

盛田昭夫的邻居说：从他们家里，我们很少听到笑声。串门的时候，儿子们都一丝不苟地坐在那里，谁也不会随便说话。

这种家庭制度和西方迥然不同，而它透露出的信息就是，盛田昭夫还是一个纯粹的日本人，无论他多么会表演，回到家后，还是会摘掉面具，严厉对待自己的家人。

不过，盛田昭夫自己对这种心态和表演倒是没有隐瞒，很多年后，他在自己的私人会所里挂了这么一幅字："我们日本商人必须是两栖动物，我们必须在水中和陆地上生存。"

他曾经这样解释这句话："日本商界领袖都是两栖动物，一种环境是日本，在这里形成一套根植于本土传统的文化价值和行为方式；另一种环境是世界，在那里整个世界观都是可以模仿的，但永远不会被全盘吸收。"

透过这句话，我们能看到盛田昭夫强韧的灵魂，他为了事业、为了索尼可以数十年如一日地掩盖自己的内心，可以乔装打扮，可以忘记自己的真实性格。

即使以我们今天的眼光来回望日本商业史，依然能感受到索尼对于日本企业国际化的巨大作用，以及那一代企业家不肯止步于眼前的魅力。索尼只是一个典型的案例，其实在整整一代人的生命中，许多日本人都在努力让自己国家的产品摆脱低质价廉的邪恶诅咒。在战后，让日本经济振兴、改变世界、自我救赎是那一代企业家的集体梦想。他们所做出的努力也值得流传青史。梳理他们的奋斗史，会发现这一代创业者有几个特色：

第一，秉承渐进式创新。如前所述，日本企业家很少创造出新的产品，但他们能在既有的产品形态上不断革新，寻找痛点，进行优化。比如，让录音机更加轻薄，更加廉价，质量更优。这也是此后日本经济发展的根本源动力。

第二，此时日本的企业家都有着一种燃烧自我的精神。在日本战后的10多年里，他们面对着满目的疮痍，寻找机会，无论是商业模式、还是产品，他们都能自发地革新、前进、创造。这种精神只有在一个特殊的时期才能广泛存在。当进入20世纪之后，日本经济趋于成熟，企业也建立了一套属于自己的法则，人们开始沉浸于这种稳固、健康的体系中，不断趋于僵化。

第三，开始重新审视自己的管理哲学。他们摆脱了明治维新时期企业家的精神，开始重新缔造自己的商业思想。比如，松下幸之助说，企业存在的价值就是创造良好的产品。这种观点让当时很多日本企业摆脱了二战之前对于企业价值的定义。另一方面，日本企业家也力图在实用层面创造一些新的思想。盛田昭夫有一个著名论断：从我的人生经历经验与教训而言，你要想把握这万分之一的机会，同时，必须具备以下一些条件：一是目光长远。鼠目寸光是不行的，不能看见树叶，就忽略了整片森林。二是必须锲而不舍。没有持之以恒的毅力和百折不挠的信心是无济于事的。假如这些条件你都具备了，那么有一天你将成为物质财富和精神财富的百万富翁，只要你去付诸行动。盛田昭夫这样的论断颇有几分成功学的意味，但至少从一个侧面说明，当时日本社会对于这种创业鸡汤的渴求，显现了当时日本社会对于成功和创造的渴望。

　　第四，对于世界的好奇心。摆脱战争的故步自封之后，日本企业家开始领略世界的变化。特别是对美国的学习。无论是汽车企业，还是电子公司，他们都愿意虚心求教，甚至是以弱势的姿态与欧美公司展开合作，一方面，他们期待自己的产品进入崭新的市场，同时，也渴望能获得更前卫、更先端的技术支持。除了松下、索尼，像夏普这样的公司也积极进入欧美市场；而丰田汽车早就开始和通用汽车展开深度合作。

第五章

藏富于民

小公司的能量

日本经济量变到质变发生在20世纪60年代。经过了美国人的占领、缓慢复兴、朝鲜战争的刺激，日本终于迎来了20世纪30年代之后的重新崛起。

从20世纪60年代开始，日本的GDP国内生产总值每年都保持着9%左右的增长，成为当时世界上增长最快的国家。从20世纪50年代中期开始，日本人似乎就像商量好了似的，很少再用"战后"这样的词语，取而代之的是"神武景气"。意思是，自打日本第一代神武天皇之后，再也没出现过今天这样的繁荣景象。

20世纪60年代，日本承接了前10年的飞速发展，并且最终走向了辉煌的顶点。

至于具体的数字，我就不再费力说明了，枯燥冷酷的数字还是留给学者们去考证吧。我们来说说日本经济腾飞最大的特点。

日本当时的繁荣景象是从民间投资增加开始的。1961—1963年，日本民间企业投资每年增长都达到了30%以上，而在20世纪50年代，这个数字还是

10%左右。这说明，日本当时经济的腾飞在很大程度上依靠的是民营企业的飞速发展，无论是财阀也好，还是索尼、本田这样的新兴公司也好，它们都搭上了经济飞速发展的列车，成就了自己的辉煌业绩。

虽然日本依然存在着财阀体系，但客观地说，在二战之后，这种体制对日本商业更大的作用是促进而不是削弱。比如我们前边提到的，很多日本财团周围都有着诸多小公司盘踞在产业链的各个环节。它们同进同退，同生共死。这种体制没有遏制民营资本的发展，反而推动了民营企业的进步。

既然提到了小公司，那么我们再来说一下20世纪60年代日本中小企业的生存状态。在我写作这本书的时候，中国温州地区的民营企业正在遭遇倒闭潮，其实从改革开放以来一直到今天，这样的潮流或大或小，或急或缓，总是伴随着中国的民营企业。

现在，中国产业如何进行产业升级，如何解决人口红利问题，已经是任何企业都无法逃避的现实了。

日本在二战之后，中小企业一直靠劳动密集型方式来维持生计，但时间进入20世纪60年代，这种情况发生了变化。

一方面，随着经济的发展，劳动力出现短缺，"民工荒"浮出水面。另一方面，劳动者成本不断提升，这就要求中小企业提高生产率，赚取更高的利润。而相当一部分企业也意识到，要实现这种转变必须依靠先进的技术。它们纷纷从海外引进技术专利，然后依靠优秀的技术人员进行生产开发，降低产品成本，提供高附加值。这种方式不仅仅让相当一部分中小企业获得了新生，而且还造就了一批中坚力量的公司，比如索尼就是白手起家，依靠技术优势成为一家大财团的。

所以，在20世纪60年代，日本中小企业发生了分化，一部分公司走向没落，直至消失；还有一部分成为某个行业的中流砥柱，比如阿尔卑斯电气公司因生产调谐器成为行业翘楚；京都陶器公司专门生产陶器也获得了巨大成功。还有专门生产快门的，专门生产轴承的，专门生产喇叭的，等等。

而且这些公司也很灵活，不局限于一个领域，而是能在经济形势变化的时候迅速找到新的增长点。比如三阳商会原本是生产雨衣的，可是进入20世纪60年代就开始制造机械；还有以前开照相馆的后来开始生产原子能仪器，等等。这样的例子特别多。

纵观20世纪60年代，日本中小企业逐步成为各个行业的中坚力量，它们的利润率比大企业还要高，这在世界商业区域中都是罕见的。这充分说明日本中小企业的灵活性和对市场把控能力的强大。

当然，这些都是"术"，日本企业家具有的"道"更加重要。很多中小企业家并不满足于赚钱、花钱，他们有种强烈的使命感，即让自己的公司长久地生存下去。这种企业家精神具有漫长的历史，比如日本历史上就对私有财产有保护，你开一家面馆，只要不倒闭，几百年都是你的，不会被无情地剥夺掉。

总之这种精神被传承下来，深刻影响着日本的商业经营者，松下幸之助、本田宗一郎、稻盛和夫、盛田昭夫，无不是这样的精英。

还有一点需要强调的，就是日本技术工人的素质非常高，这和日本重视教育紧密相关。在日本工厂里很少有进行简单加工的工人，工厂的技术提升依靠的是广泛存在的工程技术人员。

20世纪60年代，日本经济发展的另外一个特点是，日本开始大张旗鼓地推动国民收入倍增计划。这项计划有五个主题，它对中国有着强大的借鉴意义。

第一，充实社会资本；第二，引导产业结构向高度化发展；第三，促进贸易和国际经济合作；第四，提高人的能力和振兴科技；第五，缓和双重结构与确保社会稳定。

我以为，这些政策最核心的内容是大力推动民间资本的发展，让民营企业更具有竞争力。国民收入倍增计划的第一条就是，要让民间企业保持增长，避免统制手段或行政方面的烦琐化。我想起乔布斯去世时，财经作家吴晓波说："与其讨论为什么中国没有乔布斯，不如讨论为什么中国没有强大的民营企业。"

答案自然很明朗，那是因为中国民营企业的生存空间不够良好。那么，为什么日本会好呢？因为日本在战后，无论是政府还是民间都在反思战争对商业的破坏，而最严厉的破坏就是战时的统制经济政策。它通过行政手段打压民营企业的发展，而让大财阀获取战争的高额利润。这是战后的日本企业所无法容忍的。

为了彻底根除这种制度根源，日本几乎放弃了政府干预商业的习惯，反之，开始大力推动民间资本的发展，因为他们认为，只有民间力量强大了，才会避免重走战争的覆辙，才能振兴经济，缓解社会矛盾。

另外一方面，日本为了实现国民收入倍增，开始大力发展教育。日本人以为，国民收入的最核心的因素，就是人。意识到这一点之后，日本开始大力发展教育，每年都会提高政府预算用来提升日本的教育水平。

还有一点，日本的国民收入倍增计划还关注消除贫富差距。比如，政府规定了几年之内的目标是，缩小大中企业之间的工资差距、消除工农之间的收入不均等问题。到今天，虽然很多人说日本陷入了经济缓慢增长阶段，但从衡量贫富差距的尼基系数来看，日本的贫富差距依然是发达国家里最小的。这不能不说是国民收入倍增计划的伟大贡献，也是日本成为如此稳定国家的根源。

所以说，稳定压倒一切并非一句空谈，关键在于如何实现稳定，前提就是让大家过上人过的日子，吃上人吃的饭，住上人住的房子，娶得起人该娶的老婆。

日本在这方面的确取得了巨大的成就，收入倍增计划的一个重点就是让日本人老有所依。1961年，日本在考察了美国的社会保险制度之后，开始实行全民保险、全民养老制度。这个制度把全日本公民都纳入了保险体系，为日本迈向高福利国家奠定了坚实的基础。

除此以外，日本也制定了类似于《日本工人健康保险法》这种针对不同行业、不同劳动属性的群体的保险制度。

另外一方面，为了让日本人生活更加富足、便利，日本在20世纪60年代之后开始了轰轰烈烈的建设运动。一时间，城市化、工业化的浪潮席卷了日本的各个角落，几乎每一个公民都在为这个目标贡献力量。

城市化的发展过程中必然存在一个问题，就是人口越来越向大城市集中，比如东京在1962年人口超过1000万人。这样一来，如何缩小地区发展不平衡的问题就摆在了眼前。

很快，日本颁布了《东北开发促进法》，致力于提升日本东北地区的公共事业，让这片有些荒凉的区域繁荣起来。同时，日本还在北海道地区设立开发公库，增加了企业融资贷款的新渠道。

另外，针对人口集中导致日本出现的上班难、上学难、买房难等问题，日本政府又展开了据点开发的新想法，也就是在城市规划出哪些地区人口密集，哪些地区人口相对稀少，然后针对人口少的区域增加投资。同时，政府也开始填海造地，增加城市的容量。

　　还有，为了缩小地区间的经济差距，满足大家上班、上学的需求，日本开始建造新干线，从而引发了一场交通革命。日本经济学家认为，从1964年开始，日本进入了高速时代。

　　1964年，东京到大阪的新干线正式通车，法国国有铁路公司的总经理参观之后，兴奋地说："日本新干线的建设，向世界表明，铁路事业并非日薄西山。对于这个伟大的事业，世界的铁路公司都该向日本致敬。"

　　新干线采用了当时世界上最先进的技术，特别是运用了最安全的保护措施，将事故率降到了最低。所以，新干线一问世立刻获得了日本人民的喜爱，虽然当时的票价很高，但乘客数量却每日增加。

　　除了铁路以外，日本也在大力发展公路交通。日本成立了道路公团，专门从事道路交通的开发。于是，连接日本各个城市的高速公路接连出现，大大缩短了地区之间的距离。同时，高速公路还促进了汽车业的繁荣，彻底改变了人们的生活品质。

　　当然，这些轰轰烈烈的政策也不见得都是有效的、积极的。比如，过分发展工业造成了日本在20世纪70年代出现了环境污染等问题。可以说，以上这些制度都取得了巨大的成就，当然，这些也是一个国家走向强盛的必要路径，哪个国家忽视这些政策，哪个国家就会走上歧途。

　　那么，在日本的革新过程中最具有自己特色的是什么呢？是对技术的重视。

　　早在1956年，日本政府就把技术革新写进了《经济发展白皮书》，政府认为，像日本这种资源匮乏的小国，只能通过技术革命来赚取利润，而无论工业化还是企业发展，都必须以技术作为推动力。

　　日本的技术革新很有特色，就是大量买入西方国家的技术，并且重新进行改进，推向市场。这种专利买入主要集中在三个领域：

第一个领域是重工业，比如钢铁、造船、硫酸等。这部分技术日本水平并不差，反而在某些方面可能还处于领先地位。

第二个领域就是当时西方国家比较强而日本还比较弱的汽车和家电领域。关于这一块，前边已经进行了详细的叙述。

第三个，就是当时西方国家也刚刚发展起来的类似于电子工业、原子能等领域。

汽车和家电拯救日本经济

这些技术革新当中，对人们生活影响最大的就是汽车和家电两个行业。20世纪五六十年代，日本人心目中的神器从两机一箱——电视机、洗衣机和电冰箱——发展到了"三C"——小汽车、空调和彩电（这三种电器的英文首字母都是C）。这说明，日本开始进入了一个高消费的时代。日本政府1959年的《经济发展白皮书》中写道：日本家庭用电器的消费支出一年间增长了60%，特别是电视机和电冰箱增长了1倍以上。而汽车的发展也以崭新的姿态出现在了整个日本。

白皮书中的这段话其实很有意思，很多人知道，在日本有"经营四圣"的说法，指的是松下幸之助、本田宗一郎、盛田昭夫与稻盛和夫。

除了稻盛和夫年岁比较小，赶上了互联网浪潮以外，另外这三个人都是在电子和汽车领域涌现出来的经营奇才。

一个繁盛的时代催生了伟大的企业家，而伟大的企业家又推动了这个繁盛的时代不断自我革新。整个日本像一个巨大的机器，不断自我修正，不断运转。

还需要强调的一点是，日本产业界出现的风生水起的局面与外部环境的关系依然非常密切，在朝鲜战争之后，日本虽然不能再像以前一样给美国人提供各种物资了，但随着日本贸易自由化的实现，这个国家开始真正实现了"走出去"的战略。

20世纪50年代后半期开始，随着美元大量流向世界各地和西欧国家走出战争阴霾，各国纷纷开始汇兑自由，日本也不安于现状，开始改变封闭的经济体制，努力进入国际大市场。

1960年，日本内阁通过了"自由化大纲"，开始让贸易兴盛起来。在此之前，日本对贸易一直采取保护措施，为的是让岌岌可危的本国工业在海外商品的侵袭下存活下来。

随着日本经济的发展，日本在1952年加入国际货币基金组织，1955年又加入了《关税与贸易总协定》，开辟了自由通商、取消贸易壁垒的道路。

进入20世纪60年代之后，日本的海外出口一路飙升，出口额从1955年的20多亿美元增长到40多亿美元。也就是说，在短短的5年里，日本出口翻番。特别是在1959年，日本对美国贸易首次出现了黑字（财政收入大于支出），大大振兴了日本产业界的信心。

不过，自由化的道路并不平坦，特别是在日本产业界还存在着如何保护本国产业的争论。很多人担心，一旦实现自由化，美国物美价廉的产品就会蜂拥而来，那时候，日本本国产品的竞争力就会受到巨大威胁，恐难生存下去。

于是，产业界人士分为两个阵营，一部分人认为，日本产业界发展需要官民协商，也就是调动政府的力量，保护民族产业；而另一部分人则坚决主张贸易自由化，让企业自由调整。最后，通产省①进行裁决，他们认为，先开个会讨论吧。

这个会议汇集了产业界、金融界的精英们，大家坐在一起喝着茶、吃着点心开始思考日本产业界的未来。众位精英决定，两种方式都采用，针对那些与国计民生相关的、在国际竞争上还比较弱小的产业，政府应当扶持；而对于那些发展势头很好很强大的领域，就让它们进入国际市场，跟西方公司PK去吧。

最后，确定下来的由政府扶持的产业包括钢铁、汽车和石油三大产业。

可惜，这个提议一经公布就遭到了社会的强烈抵制，很多经济学家警告说，如果扶持重点产业，日本的未来一定是官僚掌权、官商勾结，最后没准还会走向独裁体制的道路。通产省也觉得反对声音太大，最终这个方案没有落实下去。

不过，或许是日本商人的传统习惯问题，这个官民协商的体制在某些方面还是保存了下来，比如许多产业开始搞官民协商恳谈会，也就是让公司联合起来，形成新的卡特尔②以对抗西方产品的竞争。

比如，1964年，三菱旗下的三菱重工业公司、三菱日本重工业公司和三菱造船公司实现了合并，成为重工业与海运公司相结合的大寡头。按理说，这种合并多少有些违反《反垄断法》，但在日本政府的支持下，合并还是完成了，其目的就是为了增强日本在重工业方面的国际竞争力。

---

① 通产省：通商产业省，是日本旧中央省厅之一，承担着宏观经济管理职能，负责制订产业政策并从事行业管理，是对产业界拥有很大影响的综合性政府部门。2001年改组为经济产业省。

② 卡特尔（Cartel），是由一系列生产类似产品的独立企业所构成的组织，目的是提高该类产品价格和控制其产量。

汽车产业在这方面也比较突出。通产省政府领导意识到，汽车产业在未来的几十年里都会是一个非常优质的资产，所以，他们提议日本建立以丰田和日产为核心的两大财团，与西方汽车企业对抗。在这个政策的鼓励下，丰田和日产开始在日本国内收购其他小的汽车工厂，同时通过交叉持股把上、下游产业也都纳入自己的汽车帝国当中。

这项政策给丰田汽车带来了巨大的机会。实际上，在二战之后，丰田的业绩虽然取得了飞速成长，在海外市场却屡屡遭到挫折。

丰田公司的领袖们决定主动出击，挽回颜面。在20世纪60年代，丰田汽车所在的举母原已发展成为丰田市，但仍然属于偏远的地方。东京一位经济记者在采访丰田后，有过一段传神的描写："来采访之前，特别问过路怎么走。但是，没想到从名古屋到丰田市，还有那么远一段路。我搭乘'名铁电车'在一个叫'知立'的小站下车，再换乘'三河线'的电车，这路电车是那种摇摇晃晃的乡下电车，并且是单线。坐在车中朝窗外看，一片田园景色，看到的是刚收割过的稻田，以及零零落落的狗尾巴草。摇晃了一个多小时，才终于到了一个叫'丰田自工前'的车站。说实在的，名闻天下的丰田，就在前面不远处吗？可真让我有些怀疑。"

那时的丰田市，没有娱乐业，也没有正规酒店，更没有夜总会。外人出差到丰田，只能住进一种"民宿"式的旅馆，即当地老百姓把家宅空出一两个房间供旅客住宿，就跟现在的城里人去郊区住的农家大院差不多。

所以说，当时的丰田跟美国那些汽车大老板比起来，还真是九牛一毛，不值一提。

但随着日本颁布了产业扶植政策，丰田意识到自己的机遇可能来了。既然政府说要把汽车产业化成三个大集团，那么丰田就应该张开"血盆大口"，拼命吃饭。

首先送上门来的是王子汽车。这家公司以生产卡车为主，但业绩很一般，它希望能和丰田合并。

但丰田拒绝了。石田退三认为，日本的政策没有定数，今天说鼓励合并，没准明天就改弦更张了。而且，这项并购多少和当时的《反垄断法》有冲突，丰田不敢冒进。

很快，王子汽车投奔了日产汽车。石田退三有点小郁闷，明明是自己嘴里的肉，怎么就跑到别人家里去了？而且这个人还是自己最大的竞争对手。

接着，又一个机会来了。三井旗下的日野汽车也在寻找买家。日野汽车公司是1941年从五十铃柴油机汽车工业株式会社中分离出来的，主要生产卡车、客车。20世纪60年代初，日野与法国雷诺汽车公司合作，生产一种叫做"肯塔夏"的小轿车，但销售非常不顺利，日野因此处境艰难，赤字像滚雪球一样越滚越大。

当时，给日野汽车投资的银行是三井银行。三井担心日野会支撑不下去，所以恳求丰田收购。说实话，日野汽车的财务状况比起王子汽车来差很多，赤字遍地，没有利润。石田退三本来不想买，但问题是，三井跟丰田家族的关系太密切了，已经是你中有我、我中有你了，根本无法分割开来。

于是，他们决定听从三井的安排。

三井也考虑到国家对垄断很敏感，所以并没有要求丰田汽车进行收购，而是让日野和丰田签署了一份合作协议，具体方式是，丰田委托日野来进行汽车生产，而日野之前的产品要全部废弃。

当时，日野已有卡车与小轿车两个单独的经销网，不生产"肯塔夏"，小轿车经销网便无车可卖。而丰田也无法照单全收日野的小轿车经销网。比如在京都，日野与丰田的小轿车经销商门对门，这样，肯定不能两家都卖一种车型，要抛弃一家，就只能牺牲日野的经销商。所谓长痛不如短痛，经过短暂而惨烈的重整，日野停止生产"肯塔夏"，转而接受丰田的委托，以每辆计价的方式生产小卡车，同时巩固原有的大型卡车生产。也就是说，日野至此完全放弃了向小轿车市场发展。

这样的合并对丰田来说，还真是有利得很。让日野开始造卡车，一方面，丰田能集中精力制造小汽车，而日野告别轿车领域又给丰田清除了一个对手，何乐而不为？

日野的合作模式给当时日本的汽车产业提供了一个好的范本。很快，大发汽车也希望自己被吞并。这次又是三井银行出面当红娘，促成了合并。合作之后，大发放弃了1000CC以下的轿车生产，把这部分业务让给了丰田，而自己专注于1000CC以上的汽车研发生产。

这两起很牛的合作让富士财团的富士重工大为眼红。它也希望找到一棵大树来乘凉。不过，富士内部分歧很严重。一部分人倾向于把富士重工交给日产，因为日产也是富士财团的一部分；而另一部分人觉得日产虽然强大，但还比不过丰田，还是应该给丰田。

丰田的石田退三认为富士重工的业绩比日野和大发都好，应该买入。可惜，他当时正忙着收拾那两家公司，根本无暇顾及富士。富士觉得自己被冷落了，最后还是投入了日产汽车的怀抱。

最有意思的是五十铃公司。这个公司的处境最为尴尬，它过去是与日产、丰田并列的三大汽车公司之一，如今虽然家道中落，但还是难以拉下面子进入丰田、日产的旗下。徘徊一阵后，五十铃找上了三菱财阀，与三菱重工业公司合作。可是，两者之间合作的基础不稳，不久便告分手。万般无奈，五十铃一度加盟日产，拖了几年，又各奔东西。谁知东方不亮西方亮，五十铃居然抓住个机会，做了丰田、日产几度想干却没干成的事：与美国佬联手打天下。

不过，五十铃的盟友并非福特，而是世界第一大汽车公司——通用。五十铃利用这一机会打开了欧洲市场，其推出的轿车Jemini、Asuka系列，开始引起世人注目。从此五十铃把追求"世界名牌"作为目标，找到了自身的位置。

到这个时候，日本汽车产业的划分已经基本完成，形成了丰田、日产两大财团并立的局面。很多小的汽车公司都放弃了继续创业的初衷，纷纷与大财团们联姻。

与垄断对抗

不过，也有人不理这一套，他认为自己创业，也能跟丰田、日产较量一番。他就是本田宗一郎。

本田宗一郎一直是玩两轮车的。此时本田公司制造的摩托车已经享誉海外，取得了不俗的战绩。但本田宗一郎并不满足，他认为，真正能带来高附加值的交通工具依然是小汽车，而只有小汽车才能从根本上改变人们的生活习惯。

通产省并不赞成本田宗一郎的梦想，通产省坚持认为，孤军奋战不利于日本汽车行业的整体发展。但本田宗一郎则对通产省的警告置若罔闻。

媒体也并不看好本田宗一郎的决定。在那个年代，汽车产业已经是一个相对封闭的产业，新崛起的公司很难进入；再加上通产省对日本经济的控制力极强，克莱斯勒的经营者就曾经说过，日本的企业界谁也不是单纯用自己的力量在竞争，其中从头到尾都有通产省的参与。

本田宗一郎还是决定试试。在两年的时间里，通过购买丰田的设备和技术，本田公司在1963年推出了小型卡车T360和赛车S500。

本田宗一郎虽然敢于蔑视规则、打破规则，但他并非毫无谋略的匹夫。当时日本做赛车的公司非常少，而摩托车又是本田的老本行，将摩托车的引擎进行改造，然后装进赛车里，不仅能规避开和丰田、日产的竞争，还能开辟一个新领域，通产省似乎也无话可说。

但研发的过程并非一帆风顺。1965年，本田设计的跑车在英国一级方程式赛车比赛上大败而归。本田宗一郎怒不可遏，他叫来工程师大肆训斥一番，然后把赛车拆开仔细检查。他发现，这位工程师把赛车的汽缸重量给减轻了，于是他更为恼火，要求这位工程师在工厂里给所有职员道歉，且本田宗一郎会全程陪伴。

工程师把这次失误当做奇耻大辱，他发誓，一定会改进这款赛车的设计。后来，本田宗一郎才想起来，减轻汽缸重量，其实是他自己的主意。

这位工程师痛定思痛，开始刻苦研发，并且每次和本田宗一郎讨论的时候，口袋里都偷偷带一个录音机，心中暗想，以后再出了事儿，可别怪老子了。

失败只是暂时的，1965年10月，经过改良的本田四轮F1赛车终于在国际大赛上取得了冠军，举世震惊，本田终于在这个领域成了世界第一。

通产省官员跑去祝贺，本田宗一郎微笑着说，"要感谢你们的苛责，否则我哪里会成长得如此迅速。"

1965年，本田的销售额达到1000亿日元，出口额占了一半左右。

此时，日臻成熟的本田管理模式开始成为日本很多企业家效仿的对象。

而木田宗—·郎也开始在管理方面进行一系列改革。他一方面秉承日本公司独特的管理风格，同时以开放的胸怀引进西方的管理体系。

20世纪60年代开始，本田宗一郎决定改变本田公司的世袭制度。虽然二战结束之后，日本很多公司都在打破家族体制，废除世袭制，但家族企业领袖的影响力依然存在于公司内部。比如，虽然三井这些财阀的家族领袖们已经逐步淡出了管理层，但他们对家族企业的控制力依旧强劲。而本田宗一郎从内心深处憎恨"家天下"，他笃信家族企业必然会阻碍企业的发展，这早晚会成为日本公司失去创新力的顽疾。第一个成为本田宗一郎改革牺牲品的是他的亲弟弟。

本来，这兄弟俩的感情一直很好，本田的弟弟也在本田公司工作。可是，有一段时间，本田宗一郎开始疏远弟弟，也拒绝跟他一起吃饭、喝酒。

直到有一天，本田宗一郎突然把弟弟叫到身边，跟他说，别在公司里工作了，去干点别的吧。本田继续说，因为本田是一家股份制公司，不是本田家自己的公司，本田宗一郎也不过是大家选出来的经理人而已。所以，不能让外界认为本田是"家天下"。

弟弟很委屈："松下家不也是家族里的人管理公司吗？"本田宗一郎摇摇头："别人的事情我不管，但本田，我说了算！"

弟弟无话可说，默默地离开了公司。

一个月之后，本田宗一郎的儿子也辞职离开。前后一年的时间里，本田家族的人都已经从公司的职位上退了下来，成为一家真正的社会公司。

在公司结构改革方面，本田宗一郎的另一个创举是把研发部门从本田技研中独立出来，成为一家自己运作的公司。

这么做的目的，就是为了提升研发在整个公司中的地位，减少从创意到生产之间的层级。独立公司一设立，就获得了工程师们的强烈欢迎。在这种体制之下，生产公司如果遇到问题，能够立刻向研发公司提出，研发公司就会根据实际情况提出解决方案，然后再由生产部门进行实践。

这样一来，就跟日本其他制造业公司形成鲜明的对比。在大部分制造业公司里，研发部门通常很清闲，没什么正事儿干，每天拿着仪器煞有介事地做实验，而实验成果大部分都无法转化为商品。

本田宗一郎为自己的创新感到骄傲，他曾经说："我们的研究所比那些培养硕士、博士的学校还要有意义。"

自那之后，你能看到本田公司技术人员如同天马行空一般的想象力。他们可能花费巨大力气研制机器人，只为了证明自己的技术优势；他们可以整整一年不创造新的东西，只为了改进汽车引擎；他们在本田宗一郎的全力支持下成为日本汽车行业革新的永动机。如果说，丰田汽车的质量管理成为行业准则，那么本田则更有理想主义精神，他们任由研发精神像野马一样在浩瀚的草原上驰骋，不期待短期收益，而是尊重技术本身的力量。

第六章

小器物缔造大财富

创新时代

从我们前面的描述中，你能看到，在20世纪60年代，日本各个行业都在大建资本主义，而且总的来说，以民富为本的策略非常奏效，改善人民生活，增加人民财富的宗旨也得到了良好的体现。而从民富出发更能让各个产业的发展进入良性循环的发展。

这种飞速发展在1964年的东京奥运会达到了顶点。日本是亚洲第一个主办奥运会的国家。作为第二次世界大战战败国，日本基本上在20世纪60年代初期完成了"经济起飞"的第一阶段，迫切需要一个机会向世界重塑日本国形象、提高国家尊严、振奋民族精神，1964年第18届东京奥运会就成了实现这一目的的舞台。

1963年东京奥运会临近时，日本掀起了建设投资的高潮，结果形成了日本经济史上著名的长达24个月的奥林匹克景气。1965年有短暂"奥运低谷效应"，经过调整，到1966年又出现了比奥林匹克景气规模更大、持续时间长达57个月的伊弉诺景气。

除了展示国家形象，奥运会还让一些之前没名气的公司浮出水面。1960年5月，在确定东京成为举办城市的同时，精工集团取代了欧米茄成为大赛的指定计时用表提供商。同年8月，精工派出专门的技术人员旁观了意大利罗马的奥运会，为四年后的东京奥运会做冲刺的准备。

"能否将目前的计时装置更进一步"是当时精工喊出的口号。"目前的计时装置"是指庞大的石英钟，石英钟虽然拥有极高的精密度，但电力消费惊人，且用途有限。精工在一年之后（1961年）成功地研发了利用干电池的石英表。电力消费降到了上一代的万分之一，3公斤的重量更是让随身携带成为可能。

精工凭借这款石英表成为计时领域的领跑者，更是在取代机械式码表（stopwatch）的进程中一马当先。随着数码码表（digital stopclock）、石英天文钟（crystal chronometer）以及印刷定时器（printing timer）商品化的实现，精工为计时装置领域做出了划时代的贡献。

在东京奥运会自行车、五项全能、马术、射击以及游泳等项目中，也有20台精工制造的"printing timer"提供精准的计时服务。40多台石英天文钟则第一次成功应用在其他比赛项目如马拉松、赛跑、皮划艇以及帆船等赛场上。

与此同时，这是与1964年东京奥运会选手活跃的身影相映衬的日本技术向世界崭露头角的一刻。对于精工爱普生来说，计时装置的研发成功具有深层次的意义。石英天文钟为石英表铺下前路，而"printing timer"更是为爱普生打印机的问世埋下了精彩伏笔。这是精工爱普生业务多元化的原点。

借助奥运的契机，一个偶然的产物造就了精工爱普生这样一家世界级的公司。

　　富士胶卷创立于1934年1月。和其他的许多公司一样，富士没有直接的记录表明1964年的富士某个事件是借了奥运的机缘。但是，也和其他的许多公司一样，奥运在公司一贯的发展道路上发挥了重要的推动作用。时值日本经济的高速成长期，富士胶卷是众多借奥运来扩大自身影响力的公司中典型的一家。而当时的明星产品是照片的感光材料。自从1937年以来，日本政府就对外国输入品有着严格的控制，但从1960年开始逐步取消照片感光材料的进口限制。但是技术尚不成熟的彩色产品则仍然受到政策保护而免受国际竞争对手的直接挑战。

　　因此，在奥运会期间东京日比谷繁华的街道两旁25平方米的巨型奥运照片速报，使用的正是富士彩色打印的技术。而在新闻媒体的奥运报道中，也活跃着富士产品的身影。富士针对奥运特别研制了能够进行快速现场处理的"快速工业用纸"（quick industrial paper），这为照片的快速登报提供了大大的便利。而在东京西麻布——富士计划建设大本营的地方，公司向国外新闻工作者备好了照片处理的场所与设备。此外，录像带等产品也在记录与报道奥运的过程中发挥了不同程度的重要作用。

　　在整个大赛期间，富士胶卷一路畅销。公司在国立竞技场甚至便当贩卖店的一角都设立了胶卷专卖柜台。据说当时的盛况达到了顾客无法挤进店内的地步。

　　经过奥运一役，富士胶卷开始有了让彩色产品走向自由竞争的底气。东京奥运会对于富士自身来说是一次以战当练的机会。在这当中，不仅使得刚刚实现贸易自由化的黑白系列产品得到了在国际市场证明自身实力的机会，更重要的是，富士在彩色系列产品上下的功夫，使公司登上了几乎能与柯达平起平坐的擂台。

这是一脚迈向广阔天地的步伐。从此之后，富士不再是死守国内市场的井底之蛙，而是积极主动地走向全球市场，受惠于此，在彩色产品研究开发的基础上，富士开始多角度地推进业务，企业体质也随之增强。

对日本来说，像精工和富士这样的企业不像索尼、松下、丰田、本田那样的名声大噪，更不像三井、三菱、富士财团那样富可敌国，但这些公司也在世界市场上跑马圈地，凭借对一种技术的突破制造出看似微小、实则伟大的产品。我乐于探寻它们的成长历程，因为对于中国弱小的技术型小公司可能更有借鉴意义。

夏普的诞生与革命

计算器已经是我们生活中最常见的工具之一了，谁也不会觉得它是一个多么伟大的东西，买鱼、买肉、报销、算账，大家对这个工具已经司空见惯了。

可谁知道，这个小小的东西对社会有着强大的颠覆力量，它大大缩小了计算所需要的时间，也让生产计算器的公司获得了无数财富。电子化热潮不仅改变了人们既有的工具，更重要的是，电子化成为人们生活方式本身。

佐佐木正治在很长时间里都在思考着计算器的未来。他比很多人都更早看到了20世纪后半叶一定是电子工业的图景，他希望自己能造出便宜的计算器，让这个小东西人手一个。但在20世纪60年代，让佐佐木正治困惑的是，究竟什么东西能让计算器随身携带，不用插入电源插座，也能运转起来？

佐佐木正治为了找到答案探寻了很久，最后，他终于找到了秘方：他需要一个新型的硅片，这样，计算器只靠电池就能运转下去了。

这是个大胆的想法。佐佐木正治几乎问遍了日本国内的硅片制造商，但所有人都拒绝了他。无奈之下，他决定去美国寻找援助。

在德克萨斯州，这个被称为硅谷的地方，佐佐木正治还是吃了闭门羹。未来在哪里？硅片在哪里？

无奈之下，佐佐木正治准备启程回国。当他万分失望地在机场徘徊的时候，广播里突然传出声音："佐佐木先生，请您到服务台来，有家公司的代表在这里等您。"

佐佐木正治的眼睛亮了，他在心里想，命运是否改变了呢？

佐佐木正治是位技术天才。他生于日本西海岸的一个小渔村。父亲是军人，当年曾经在台湾殖民过，佐佐木正治就出生在中国的宝岛台湾。

在日本京东大学学习了电气工程专业之后，佐佐木正治本来打算去公司里踏踏实实地做个工程师，可没想到，战争的阴霾笼罩了每一个人，他被调到飞机制造厂，研究电话、无线电和雷达。

事实上，这些研究也为佐佐木日后的创业提供了新的思路，他对管子（真空管、晶体管）的无限热情也是在那个时候种下的。

日本战败之后，美国占领军开始重塑日本，他们发现一个问题：日本的电话听筒声音很小，原因是电话扩音器中的真空管质量很差，无法满足长话的需求。占领军决定派佐佐木正治去美国免费学习扩音器中的真空管技术，改进日本的电话质量。

这对佐佐木正治来说，简直是天赐良机。要知道，作为一个战败国，能去自己老大那里学技术，简直就是有如神助，况且，佐佐木正治学习的地方正是著名的贝尔实验室。

当时，贝尔实验室的科学家们正在研制一种新的管子，用以替代真空管，且效果更强大，那就是晶体管。

1951年，贝尔实验室公布了晶体管研究成果，当时美国科学家举着只有烟头大小的晶体管告诉佐佐木正治，这玩意儿虽然小，但能量强大，唯一的问题是成本很高，日本估计造不了。

佐佐木正治很是羡慕嫉妒恨，他决定生产自己的晶体管。

回国之后，佐佐木正治加入了神户工业，开始研究晶体管，但一直没有大的突破，这东西依然以昂贵的成本著称，很难得到市场认可。

要说时势造英雄还真是不假，正当佐佐木正治的研究一筹莫展的时候，美国一家叫RCA的公司决定把降低晶体管生产成本的秘诀转让给另一个品牌神户电器。

为此，神户电器支付了一笔高昂的技术转让费。但佐佐木正治认为这笔钱花得很值。可问题是，神户电器的人以为这个技术是排他性的，结果，很快，他们发现，索尼、松下也都掌握了这项技术，于是，由晶体管引发的市场竞争就不可避免了。

说起来，当时神户电器在市场上还是相当受欢迎的，丰田汽车用的电子系统都是神户电器提供的。可问题是，这家老牌公司的管理越来越混乱，加上松下电器跟丰田的关系在三井的联系下非常密切，慢慢地丰田的业务也被松下抢走了。

在这个时候，富士通公司看中了神户电器，并最终与它合并。

此时的佐佐木正治有了个新工作，那就是进入京都大学做教授，主要传授物理学方面的知识。可是没过多久，佐佐木正治就发现，自己并不适合做学术，他认为，科学家应该到公司去，制造伟大的产品，而不应该窝在象牙塔里纸上谈兵。

偏巧这时候，有一家叫早川电器的公司看上了佐佐木正治，邀请他出山，做公司的总工程师。但佐佐木正治有些犹豫，因为当时早川公司业绩并不好，坊间传闻，这家公司有可能被日立收购，去，还是不去，这还真是个问题。

那么，这个早川公司到底是干什么的呢？其实这家公司历史非常悠久，诞生于1912年，创始人叫早川德次。他最伟大的发明也是个小东西，但却改变了世界，那就是——自动铅笔。

早川公司在二战过程中变成一家军用公司，主要生产雷达。二战结束后企业相关负责人非常痛苦，因为不知道自己到底卖什么好。

所以，进入早川公司之后的佐佐木正治，第一个工作就是告诉员工，咱们以后造什么、卖什么。佐佐木正治给大家的答案是：微波炉。

为什么是微波炉呢？因为在加入早川公司之前，曾经有一家美国公司邀请佐佐木正治参与研发磁控管，而这玩意儿主要就是为了生产微波炉。可惜这家美国公司后来改行做了军用设备公司，给在朝鲜打仗的美国人提供设备。但磁控管技术却被佐佐木正治掌握了。

他向早川公司提议，既然美国人没兴趣研究微波炉，那么，早川公司应该出手。

在佐佐木正治的率领下，早川公司的研发团队开始了微波炉的开发工作。1961年，日本第一台微波炉诞生了。没想到，这东西一诞生，立刻获得了世人的认可，订单多如鹅毛，这也让早川公司摆脱了财务危机，重振雄风。

业务有了改善的早川公司开始思考如何让电子消费品获取更大的利润。当时，这个市场存在的问题是，产品季节性很强，一到圣诞节，销量猛增，平时则乏善可陈。

于是，有领导提出，早川公司应该裁员，以缩减成本应对电子消费品的季节性。而佐佐木正治举双手反对，他认为，公司的目标就是造出伟大的产品，这样人家自然会购买，如果产品很完美，不管是不是圣诞节，都会有无数人追捧。

问题是，这样的产品是什么呢？佐佐木正治给出了新的答案，那就是计算器。显而易见，这玩意儿的销量根本与季节性无关，啥时候都需要。换句话说，佐佐木正治的目标就是，造出一种电子产品，使它成为生活必需品而不是奢侈品。

随身计算器

那么，佐佐木正治是怎么想到生产计算器的呢？因为他很早就接触到了这个革命性的产品。20世纪60年代，英国一家没人听说过的小公司制造了一台计算器，将其命名为"阿米塔8号"，销量出奇的好，特别是日本人对这个产品爱不释手。

而神户电器正是这家公司的微型管制造商，所以，佐佐木正治很早就开始关注电子计算器了。

当然，他绝对不是第一个关注计算器的人，也不是最后一个。早在1957年，一个叫尾柏忠雄的人创立了卡西欧计算机公司，后来这家公司发明了一个特大计算器，宽1米，高70厘米，价格约合1300美元。

后来，佳能公司又改进了这款产品，消除了杂音，还把自己的计算器产品推向了市场。那为什么佳能要研究计算器呢？因为佳能做相机的时候需要靠谱的计算器来计算成本，为了节约成本，佳能也在计算器领域大展拳脚。

1964年，索尼公司一位优秀的工程师设计了一款晶体管计算器，大大缩小了计算器的体积。可惜井深大对这个产品不是很感兴趣，他认为，索尼公司应该造大家都会用的东西，计算器太冷门了，需求量不会很大。几年之后，看到市场情况的他无比失望地说："当年，我真的错了！"

几乎与此同时，早川公司在索尼研发的计算器的基础上生产了自己所需要的产品。这是他们推出的第一台计算器，名为"Sharp Compet"。这个东西跟现在的计算器比起来依然是庞然大物，重达25公斤，价格合1400美元，跟当时日本的小汽车价格差不多。

没想到的是，这么个大玩意儿居然销量很好，卡西欧计算器在竞争当中被远远地甩在了后边。但佐佐木正治依然不满足，何况，当时佳能公司又研发出了更轻便的计算器。经过研究，佐佐木正治认为，他必须找到合适的硅片，把所有的晶体管都根植进去，这样才能让计算器变得更加轻薄。

于是，才有了前头佐佐木正治去美国的求援。

最后，给佐佐木正治帮助的是美国自动控制公司。这家公司的工程师相信，他们能把计算器所需要的所有部件都装在4块硅片上。

当佐佐木正治拿到自动控制公司送来的硅片时，彻底震惊了。他觉得自己的时代就要来临了！可惜，其他厂商一听说自动控制公司造出这么牛的硅片，立刻纷纷要求订货。而美国人觉得正好可以趁着日本人竞争捞一笔。

佐佐木正治很愤怒，他果断地结束了跟自动控制公司的合作。而且，自动控制公司也没落得好下场。很快，日本政府告诫电子公司们，不要拿着外汇去买那么多东西，硅片这玩意儿，你们可以自己研发。

好吧，既然领导都这么说了，那咱就自己来吧。1970年9月的某一天，佐佐木正治成为早川公司的总经理，同一天，这家公司改名为夏普。

第二年，在佐佐木正治的推动下，夏普半导体工厂建成，其目标就是造出适合计算器的硅片。但是，在工厂刚刚开始运转的几年里，业绩出奇的差，很多公司领导对佐佐木正治很不满，认为他把大笔钱投到了没有价值的地方。有段时间，佐佐木正治几乎要辞职回家了。

但还是有人颇具慧眼，比如摩托罗拉公司就看中了夏普半导体工厂，还打算出资收购。起初，佐佐木正治不同意，但董事会成员纷纷表示应该把资产卖掉。佐佐木正治无奈之下只得勉强同意，带着摩托罗拉的人视察工厂，等到马上要签合同了，董事会突然发现，工厂生产的硅片突然销量大增，业绩飞涨，开始盈利了。于是，董事会成员们换了一副面孔，要求佐佐木正治停止出售计划。

佐佐木正治气不打一处来，但还好，工厂保住了。

好吧，我们还是说硅片吧。夏普制造的硅片彻底改变了计算器，它让原本需要3000个零部件的计算器变成了只需要硅片、显示屏和电池3个零部件的产品，而计算器的价格也降到了1/10。佐佐木正治和夏普公司让计算器真的变成了"随身算"。

我们不是模仿者

日本人开发计算器的历史充分说明了这个国家的创造性，就像盛田昭夫说过的那样："长久以来，日本人被认为是模仿者而不是创造者，认为日本的工业在过去40年里取得的成就没有任何创造性。我觉得这是愚蠢透顶的。"

的确如此，如果说，发明一件东西是伟大，那么你能说，让这件东西变得人手一个的技术和努力就不够伟大吗？

就好比，发明电脑的人是伟大的，而让电脑变得美轮美奂的苹果公司更是伟大的。

让手表变得路人皆戴

接下来，我们讲述的故事，也是关于日本人对一个小东西的改进，这个小东西，叫手表。

日本精工公司的大楼坐落在索尼大楼的对面，相比之下，精工似乎低调得多。它没有华美的装饰，甚至有些老旧，名字也充满着文艺气息，名曰"和光楼"。在20世纪60年代，精工公司成为日本首屈一指的机械表制造商，同时，也是著名的半导体硅片生产者。

为什么会这样？同一家公司却生产着传统和现代科技共存的产品，它是如何平衡这一切的？

前面我们说过，日本人有造物的基因，他们自古以来就热衷于研究机械产品，并且颇为痴迷。

1873年1月1日，日本开始了公历纪年法和西式计时体系，日本的钟表行业由此起源。

8年之后，一个叫鸟取金太郎的年轻人开办了自己的钟表店，取名为"和光社"。

10年之后，鸟取金太郎开办工厂，制造钟表，并将公司定名为"精工"。这是一个很有意味的名字，"精工"代表着日本人对精细化工艺的追求，而"精工"的日文发音和"成功"相同。

当时，"精工表"还是物美价廉的代名词，一位英国人曾经慨叹，就东方市场而言，没有哪个国家能同日本钟表竞争。

但在国际范围内，精工表依旧是小弟，它比不上瑞士表的精湛工艺，也比不上美国表的科技含量，但它价格便宜、好用、质量高，也被卖到了海外。

直到1952年，钟表行业发生了剧变。一家美国公司把电池放进了表里，电子表由此诞生。

1960年，起源于瑞士的布罗瓦公司宣布自己研发出了精准的电子表。

这项伟大的研究推动钟表从机械化走向了电子化。精工的工程师中村恒也关注到了这项技术革新，他向布罗瓦公司递出了橄榄枝，希望能获得他们的技术。

而布罗瓦公司却设置了层层壁垒，防止外人进入电子表领域。中村恒也是个野心家，他使用了很多手段打败对手。而他最大的武器就是——发现敌人弱点，并且摧毁之。

当时，布罗瓦公司的电子表还真有个缺陷，那就是把表放在桌子上它会走得很准，但要是动起来的话，表就会慢慢不准确。中村恒也认为，这是一个技术缺陷，如果改进了，精工就会获得成功，而且是巨大的成功。

之后，中村恒也带领着十几位工程师寻找问题的答案，他们几乎翻遍了所有关于钟表制造的文献，终于在4年后，找到了打开财富大门的钥匙。

早在1922年，一个美国工程师就发现，如果把石英晶体和电池连接在一起的话，表就会非常稳定地运行。

但这个发现只是学术上的突破，并没有应用于钟表制造。中村恒发现这个奥秘之后，非常兴奋，他觉得自己大展拳脚的时代来临了。

就像我们在前面所说的那样，1964年东京奥运会大大推动了精工公司的研发进程。中村恒也创世纪般地把石英融入奥运会计时器当中，这个计时器首次让世界纪录精确到了百分之一秒。

奥运会上获得的认可，让精工的工程师们相信，石英表一定会取得成功。

1969年，精工公司制造的爱思聪问世了，它成为这个世界上第一块石英表。令世界震撼的是，这块表一年内的误差不超过一分钟。

不过，就像所有后来变得轻巧的产品一样，爱思聪在那个时候还只是个概念产品，由200多个零件构成，价格跟一辆小汽车差不多。当然，今天也有很多名表的价格比小汽车甚至北京的房价还高，但问题是，精工的目标是制造出实用、便宜、所有人都能买得起的表，而不是制造那些只有有钱人才戴得起的奢侈品。

不过，当时的爱思聪还真是个奢侈品，销量不是一般的差。但中村恒也一点都不吃惊和沮丧，因为他知道，概念产品的意义就在于新技术的应用，后来人手一个的很多电子产品都是从概念开始的。

他开始率领手底下年轻的工程师们想办法节约成本，同时还要大大提升石英表的节能水平。工程师们想到了集成电路，因为这玩意儿不仅价格便宜，还能大量生产，绝对可以缩减成本。

为了实现这个目标，工程师们又开始四处搜罗文献，寻找最新的技术突破。最后，中村恒也有了惊人的发现：有一个叫c-mos的新技术可以生产出低耗能的集成电路。不过，这还只是个技术，并没有被大量应用于生产。

之所以这个技术没有被推广，是因为它需要找到一种叫做c-mos的硅片。

精工的工程师们对这项研究非常痴迷，在这儿得说句题外话。关注这个技术的并不是精工总部，而是精工设立在须羽的叫须羽精工的公司。

这家公司设立于1959年，主要任务是研发精密仪器，直接接受中村恒也的领导。后来，这家公司和鸟取商业帝国的另一家公司爱普生合并，人称"精工-爱普生"。

和当年的佐佐木正治一样，中村恒也也开始了艰难的寻找硅片之旅。他几乎问遍了日本国内所有硅片制造商，但得到的回答都是："这个东西工艺太复杂了，我们造不出来。"

没人愿意做，怎么办呢？中村恒也决定还是自己动手，丰衣足食吧。他决定依靠精工来开发硅片。这是个大胆的设想，因为在公司里连一个半导体专家都没有，人都说巧妇难为无米之炊，问题是，精工既没有巧妇，也没有大米，却想做出一桌好饭，谈何容易。

日本有句谚语，"盲人不怕蛇"，如果翻译成中文就是"光脚的不怕穿鞋的"。反正老子啥都没有，豁出去了，干吧！

幸运的是，公司的高层鸟取家人非常支持中村恒也的决定，于是他们拨出巨资购入设备，聘请工程师，生龙活虎地开始了研发。

在这个漫长的研发过程中，须羽精工不断派遣自己的工程师去其他大公司进行研修、学习，还让年轻的工程师去美国研读物理学，以备后用。在很多人看来，这种大笔投资很难在短期内奏效，而须羽精工则认为，对人的投资比一切投资都重要。

一年之后，须羽精工的工程师们学成归来，开始把研发硅片提上议事日程。中村恒也做了一个计划，他认为，要想完成硅片的开发，需要花费6年时间，耗资达1000万美元。不过，要说机遇还真是留给有准备的人，事情在刚刚开始之后，就有了巨大的转机。

当时有一位瑞士半导体物理学家在一个偶然的机会来到日本，他听说日本人对电子表非常感兴趣，就去拜访了鸟取金太郎的三儿子鸟取商事。

当鸟取商事听说这个瑞士人掌握着硅片技术，并且要求7500美元的技术转让费的时候，他的眼睛闪现出了兴奋的光芒。

硅片的问题终于解决了，以一种不可思议的方式。这比当时预计的开发时间整整早了5年。在这段时间里，精工申请的专利有好几百件，但日本人非常大公无私，他们并没有把持着技术不分享给别人，而是鼓励其他公司购买自己的专利。

到了20世纪70年代初期，精工制造的硅片开始销售给日本很多制表商，获得了行业的一致认可。在那之后，成千上万的廉价、精准的手表流向了全世界，而精工也将瑞士家庭作坊式的制表业摧残得体无完肤。

而瑞士手表商被遥远的世界另一端的国度重重一击之后，不得不选择更加新颖的生产、销售模式。他们摒弃了低端手表市场，开始向着奢侈品迈进，这个过程还需要很长时间来完成。

第七章

用产品征服世界

新困境

到目前为止，我们看到了日本经济腾飞对企业层面、人们生活的巨大改变。但从20世纪60年代开始，日本人除了享受到经济飞速发展带来的益处之外，还遭遇了许多从前未曾有过的问题。

就像大腾飞之后必然潜伏着萧条的基因一样，1965年，日本的金融业还是遭遇了不小的震荡，这种震荡其实是有益处的，它暴露出日本飞速成长过程中必然存在的隐患。

事情的导火索是山一证券的倒闭。这是一家上市公司，但没有人知道它确切的经营情况，直到1965年5月份，很多媒体报道说，这家公司因为经营困难，准备重组。这下可捅了马蜂窝了，公司股票一路下跌，一万多名顾客跑到门口强烈要求停止与山一证券的各种协议。从后来统计的数字来看，短短的三天之内，这家公司遭遇"挤兑"的金额达到了70亿日元。

恐慌很快扩大到其他地区，有十几家证券公司遭遇了同样的"挤兑"风潮。大藏省政府开始行动，紧急联络了几大银行，开展了轰轰烈烈的救市运动。兴业、富士和三菱银行开始给遭遇"挤兑"的证券公司提供无担保、无限制的贷款，力图让这些公司摆脱困境，稳定民心。

但民众的恐慌并未停止，证券公司的股价继续下跌。

一切危机的根源都来自于野心的膨胀。20世纪60年代经济飞速发展，股票飞速飙升，人们的贪欲也飞速壮大。

股票的发展带动了证券业的发展，据统计，20世纪60年代前半段，日本证券从业人数增长了3倍以上，营业额也涨了5倍以上。而证券公司的增长模式是不健康的。

这种不健康在于，随着证券公司之间竞争的日趋激烈，很多公司开始采取一种极为投机的方式来赚取利润和市场份额。简单说，这种方式就是，证券公司用顾客买来的股票做抵押，从信托资金公司借款用来扩大公司规模。显然，这种模式是很不靠谱的，一旦股票下跌，证券公司的经营就岌岌可危了。

到1964年，日本债券公司的赤字达到了500亿日元以上；1965年，山一证券终于扛不住了，率先遭遇"挤兑"风潮。

日本金融界明白，要想缓解证券公司遇到的压力，必须先提升股价。1965年，以兴业银行为首的十几家商业银行组成了日本共同证券，投入1000亿日元收购股票，目的就是提升人们对股市的信心。

事后，虽然股市没有"饿殍遍地"，但山一证券却被迫倒闭。

事情不仅如此。

1970年对日本来说，意义重大。让人欢欣鼓舞的是，日本举办的万国博览会获得巨大成功，其隐含的意义是，日本大众消费的时代已经来临，在博览会上展览的很多产品很快普及全世界。

日本人从这次万国博览会上收获了浓浓的信心，他们相信自己的能力和未来。

但也是在同一年，日本的环境问题浮出水面，人们为经济的飞速增长付出了沉重的代价。

3月份，富士县出现了大米被污染的现象，媒体和舆论一片哗然。

7月，东京一所高中里，40多名正在上体育课的女孩突然觉得头晕眼花、呕吐不止，甚至有人晕倒在地。经调查，东京遭遇了光化学污染。舆论又一次哗然。

8月，静冈县富士市居民状告一家造纸公司，理由是他们的生活环境受到严重污染。

当然，这些事件不过是矛盾表面化后的产物，很多潜在的环境问题还没有涌现出来。比如大阪机场的噪音问题、新干线的噪音和振动问题以及生活改善之后，日本人家庭每日送出的大量垃圾等，都深刻地影响着日本的环境。

事实上，日本的环境问题早在工业飞速发展的20世纪五六十年代就已经浮出水面，引起人们的重视了。在那个年代里，所有日本人都会记得"水俣病事件"。"水俣病"是指在20世纪50年代住在熊本县一个海湾旁边的1000多名老百姓，因为吃了被工厂污染的鱼，集体死亡的事件。

事件发生之后，日本政府对出事工厂进行保护，极力封堵消息。但消息是封不住的，人民的愤怒也是无法抑制的。

自发组织的老百姓们跑到这家工厂门口示威游行，但工厂并没有表现出很好的态度，而是雇凶打人，还戳瞎了一位记者的眼睛。让人钦佩的是，这位记者还是拍了照片，并且发到了媒体上。

1967年，受害者们提起诉讼，要求赔偿。但政府相关负责人控制了最高法院，威胁受害者，极力隐瞒事实。而且最缺德的是，法院采取了持久战的方法——反正老子给你拖着，看谁命长。

这个案件一直拖到了1994年，才裁决让这家工厂赔偿59名起诉者300万~500万日元。而当年一起起诉的人里，有16位已经驾鹤西去了。

这时候，离事件的发生已经过去40年了。

骨痛病跟水俣病也差不多，富士县的人们吃了被污染的大米，导致骨骼变脆弱，引发剧痛。这起案件也拖了很长时间才落下帷幕。

当然，环境污染问题不仅仅存在于日本，还在其他发达国家兴风作浪。二战之后，欧洲和美国都经历了都市化发展、技术革新带来的负面作用，而且人口增加也给环境带来了沉重的压力。

日本在20世纪60年代末期，先后颁布了几个振兴工业的法案，其中最重要的一条政策就是大力发展新产业城市，在太平洋沿岸兴建重化工企业，而这些法案都漠视了工业对环境可能造成的恶性影响。

我们来看一组数据，如果按平均土地来算的话，日本在1970年的GDP（国内生产总值）是德国的1.7倍，是美国的11.3倍；而日本的能源消耗量是德国的1.5倍，美国的7.4倍。

这几乎是一个看起来很难解决的问题，莫非高速增长就必须和高度消耗捆绑在一起吗？

恶劣的环境很快引起了日本人的不满，他们纷纷在媒体中痛斥政府的不作为，还大声疾呼："让GDP去死吧！"

面对舆论的攻击，政府开始着手解决这个问题。从1970年开始，日本设立了中央公害对策总部，起草、修改有关环境公害的各项法案。到这一年的年底，公害问题基本上都有了法律制裁的依据，而国家也每年拨巨款用于防治公害的各种项目。

但也有专家指出，日本的法律还相当原始，并没有让人们特别满意，比如法律规定禁止使用的化学物质非常有限，很多明显对人体有害的东西还在被使用，一直到20世纪90年代，日本关于公害的法律还在不断健全当中。

那么，我们来总结一下。日本的商业和经济的确是二战之后全世界的奇迹，人们也对这个国家的尖端科技保持着浓厚的兴趣和敬意。不过，从日本的公害问题引申出去，你会发现，日本人在利用新技术方面，依然停留在制造业，他们的工程师就像修剪草坪的工人，把对日本没有用的技术毫不留情地剪切掉了。

而西方社会则不同，20世纪60年代也是它们科技大发展的时代，而这些技术并没有被急功近利地用于某些行业，而是广泛存在于生活之中，除了制造业，西方社会的教育、医疗、基础设施建设等方面，都受惠于新科技的发展。而日本，除了制造业，其他方面依然乏善可陈。

当然，倾向于工业发展为先的道路，对日本来说似乎也无可厚非，在那么一个资源匮乏的国度，如果不把有限的资源和智慧用在重要的事情上，那还谈什么将来呢？让人欣慰的是，在走过了漫长的弯路之后，日本今天的环保科技水平、防治公害能力已经有目共睹了。

缓慢的调整

如果说，20世纪60年代是日本经济狂飙的年代，那么20世纪70年代，日本吸取了发展过程中一些失败的教训，进入了经济的调整期。

而在战略层面，日本企业最大的变化就是纷纷向海外发力，寻求国际化路径。这几乎是所有国家经济发展的必经之路，但问题是，若想走向国际，就必须先打开大门，开放怀抱。

加入国际货币基金组织和《关税贸易总协定》之后，日本的贸易保护政策也在逐渐放宽，进口限制政策也慢慢被废弃。举个例子，在1968年，日本小轿车的关税高达40%，到了1971年，这个数字变成10%；一年后，这个数字居然变成了6.4%。日本企业意识到，贸易自由化时代已经来临了，所有人都要参与到国际竞争当中去了。

以此相伴的是，日本货币开始实行升值并且实行浮动汇率制度。这个是跟日本的对外贸易收支差额的变化同步的。1968年，日本对外贸易差额是25亿美元左右，到1971年，这个数字变成了70亿美元，实现了大幅度的贸易顺差。

专家说，日本在20世纪70年代完成了从经常收支赤字、投资收支黑字向经常收支黑字、投资收支赤字相转变了。

发达国家热衷于海外投资，这一点从早期英国殖民就开始了。经常收支黑字，投资收支赤字的意思就是，日本企业在国内外都有盈利，同时还不断扩大海外投资。

当然，贸易顺差还造成了新问题，就是外汇太多了，不知道怎么用。而当时日本实行的是固定汇率，而且汇率很低，这就造成了日元贬值，通货膨胀接踵而来。

从国际形势来看，日元升值也是必需的，最直接的原因就是尼克松冲击。当时的美国总统尼克松在1971年8月曾经颁布过新经济政策，目的是为了解决"越战"引发的美国失业、通货膨胀、贸易赤字等问题。这个新经济政策的核心是：放弃金本位，停止美元兑换黄金和征收10%的进口附加税，从而导致二战后的"布雷顿森林体系"崩溃。

尼克松发布这个决定的时候非常突然，全球经济普遍受到震荡。西方国家股价普遍下跌，国际经济、金融都受到了不同程度的影响，日本也是深受其害。

为啥深受其害呢，很简单，放弃金本位，美元肯定下跌，而日本外汇储备相当高，这一大笔钱等于跟着缩水了。

这样一来，日本出口型企业受到的打击就越发严重了，再加上美国肆意提高关税，更是让日本的中小企业苦不堪言，走到了生死边缘。

世界其他国家也无法忍受这种状况，大家凑在一起召开十国财长会议，探讨解决之道。经过漫长而艰苦的博弈，最后，各国一致认为，日本是美国最大的贸易伙伴，日元必须升值，美元必须贬值，以此保证通货市场的正常运行。除了日本以外，德国马克也要升值，而美元对黄金的价格需要下降。最重要的是，美国必须停止贸易保护，废除进口附加税。

1971年12月，日元从1美元兑换360日元，上升为1美元兑换308日元。

稳定汇率在那个时候对稳定日元和日本国内经济起到了很大的作用。因为德国马克也升值了，这样就让日本人心理平衡多了，信心也开始慢慢恢复过来。

但这个政策并没有维持多久，因为人们发现，贸易平衡问题还是没有解决。日本、德国出口额继续飙升，而美国的出口额则持续下降。这种不对等的贸易体系必然还会影响经济的健康发展。

同时，日本企业的海外投资步伐也逐渐加快。特别是在东南亚，日本的很多企业已经起到了支配当地经济的重要影响。

面对国际舆论的强大压力，日本政府再次调整日元政策。1972年年底，日本宣布降低关税20%，扩大进口额，以此降低升值压力，同时决定向公共事业投资1兆日元，刺激经济发展，缓解增加进口可能给国内造成的压力。

再造日本

在这里咱们再说一下日本向公共事业的投资，算是插叙。透过这些投资，你也能看到当时日本经济的走向，甚至能和中国做些对比。

这项投资计划早就开始了。1972年7月，田中角荣成为日本首相，对这位首相，中国人一定不陌生，他敲开了中国的大门，让这两个一衣带水的近邻之间的坚冰慢慢融化开来。

但很多人不知道，田中角荣还是一位畅销书作家。1972年6月有一本叫《日本列岛改造论》的书在短短的几个月内销量突破100万册，这本书的作者就是田中角荣，当时，他还是通产省大臣。一个月之后，田中角荣成为国家首相，开始实施他的列岛改造计划。

这本书的核心思想是什么呢？前面我们说过，日本在追求工业化的过程中，四处修建工业园区，甚至剥夺了人们生活的场所，且对环境造成巨大污染。田中角荣痛斥这种行为，他认为，工业发展不应影响人们的生活，特别是东京这座城市，它的功能在于商业和政治，而不是工业基地。所以，田中角荣在书中提出，工厂的兴建必须受到限制，而且要向下游城市转移，不能坐落在人口密集的大都市附近。

当了首相之后，田中角荣开始贯彻自己的改造思想。他把这些政策概括为三点：重新布局城市；兴建25万人口城市；建设新干线，推动城市之间的流动。

具体落实的时候，目标是这样的：在未来的五年间，政府总投资额达到90兆日元用于城市改建；另外，预计到1985年完成新干线7000公里的目标，建成高速公路1万公里，等等。

这项计划推行了一年多，就遭到了社会的谴责，因为在推行过程中地价飙升、通胀加剧。因为投资过热必然推动地价上涨，很多企业纷纷把钱投向了房地产领域，金融机构也发放贷款推动地价。在田中角荣当上首相的一年后，日本城市土地价格相比一年前涨了三成以上，一时间，民怨沸腾、怨声载道。

另外，大规模建设、大规模投资拉动了很多物资的需求，但生产跟不上就必然推动了物资价格上涨，再加上当时世界经济形势错综复杂，日本又陷入了通货膨胀的泥沼。

不过，那时候，田中角荣还在坚持自己的理想没有放弃。但石油危机爆发后，所有的努力都化为了泡影。

从1972年到1976年，日本石油进口价格涨了4倍以上，对于一个缺乏资源而且高速发展的经济体来说，这的确是不小的冲击。

很快，石油价格的增长影响到了很多产业，包括矿石、煤炭等领域都受到了不同程度的影响。而对日本来说，或者说对田中角荣来说，摧毁的正是他的列岛改造计划。

这很好理解，为了改造计划，政府已经大幅提高了预算，而石油危机又推升了资源、工业品价格，政府哪有那么多钱去投资呢？在野党和媒体开始攻击田中角荣，于是，在石油危机一年后，他辞去首相职务。

那么，石油危机该如何克服呢？日本给出的答案和世界上其他发达国家一样，那就是实行浮动汇率政策，抑制通货膨胀。

为什么呢？我们简单解释一下，固定汇率制度的缺点在于政府必须为了维持汇率而辛苦万分地控制货币供给，一旦实行了浮动汇率，政府就可以根据市场价格波动或者通胀情况来调整货币供给。

所以，在1973年，日本正式实行浮动汇率政策，这项政策对日本摆脱石油危机、抑制通胀都起到了重要作用。

我注意到，在日本很多经济学家的著作中，都会无比悔恨地描写20世纪70年代发生的一切，他们认为，日本经历了20世纪60年代的飞速发展之后，各种体制矛盾开始暴露，造成了20世纪70年代后半期的大萧条。但客观来说，日本经济总体发展还是健康的，且经济萧条也不是日本一个国家的问题，当时整个世界都跟着一起哆嗦着，除了中国和朝鲜既无外债又无内债以外，谁都难逃厄运。

另外，我们还能看到，在危机重重的时候，日本商业依然在向前发展，就像每次经济危机的时候，总有一些公司能逆势而上一样。

丰田汽车今天接受采访的时候，还常常提及石油危机时的表现。那么，为什么丰田能逆势而上呢？除去经营、技术、管理不谈，我们来说一下丰田领袖的卓越眼光。

前面提过了，日本在经济高速发展的时候，出现了严重的环境问题，这一点必然会影响到汽车行业。美国跟日本情况类似，也在控制汽车产业的发展。

美国在20世纪60年代发起了"废气设限运动"。参议员穆斯基一马当先，拿出提案——制定法规限制汽车废气的污染。

1970年12月，美国国会通过了"穆斯基法案"，规定了对汽车排量的限制。这些政策首先就会影响到汽车产业。当时法国的雷诺公司非常气愤，决定停止对美国的汽车出口。而丰田汽车则采取了怀柔政策。当时丰田汽车的社长是丰田英二，他在公开场合说，美国的这个政策就是扯淡，但不遵守还不行。

这时候，日本也开始效仿美国法律，限制汽车排量。偏巧此时，日本汽车产业协会让丰田英二担任会长，他毫不犹豫地答应下来了，目的就是增加自已跟政府博弈的筹码。

当了会长，他立刻跟政府谈判，准备阻止政府对汽车尾气的限制，理由很简单：汽车尾气不是唯一的污染因素。

这个理由是简单，但也太简单了。政府马上回答说：就是说你也承认汽车尾气造成污染了？那为了人类，就限制一下吧。

这顶帽子大了，如果不同意，那就是反人类了。但丰田英二不放弃："你们拿出证据来吧！"政府人员很聪明："我们没有证据，但汽车尾气污染环境，尽人皆知。"

丰田英二："我求求你了，限制尾气排放会增加汽车价格的。"

政府人员："健康无价！"

丰田英二无语。

1972年，日本政府提出了"废气排出限制方案"，要求汽车业界在1975年初步达到要求，然后逐渐提高标准。在法案当中，最难实现的是四氧化氮排出量，最初每行驶一公里限排2.18公吨，最终目标则是每行驶一公里限排0.25公吨。

按当时日本汽车业的能力来看，要达到这个目标，简直就是天方夜谭。1973年5月，日本政府环境厅召集了丰田、日产、五十铃等9家小汽车制造厂商，开了一次"听闻会"，目的是看看大家落实的怎么样。没想到，会议上几大汽车制造商愁眉苦脸，争议不断。

双方争吵了一天，到了晚上，丰田英二代表汽车产业发言，请求政府放宽完成标准的时间。政府答应考虑考虑。

没想到，很快，汽车产业内部开始分裂，有人叛变了。本田宗一郎和日产汽车宣布，他们能按时完成政府规定的标准。

媒体开始炒作，他们齐声谴责丰田汽车，发表文章说："本田、马自达都说可以办到的事，作为业界领导者的丰田却声称办不到。"

丰田英二立刻反击，他发表文章说："像本田那种小公司就那么一两个车型，要实行新标准很容易；我们丰田家大、业大、摊子大，自然很难了。"

马自达则迅速转变态度，不仅仅宣布能达到标准，还跟丰田说："我们造出一个回转式引擎RE能有效解决废气问题，你们要不要？要多少我们都有。"有趣的是，很快通用汽车宣布购入日产研发的新引擎，用来实现美国的新标准。

很快，丰田英二开始和日产谈判，准备购入新引擎。偏巧此时，石油危机爆发，美国经济岌岌可危，通用汽车受到很大影响，没钱买引擎，单方面撕毁了合同。

本田宗一郎这时候也造出了一种复合涡流调速燃烧的CVCC引擎，在废气处理上效果很不错。这让丰田英二多少有些沮丧，但在无奈之下，也购入了本田的产品。

这时候，本田、马自达这样的小汽车品牌的技术优势就展现了出来。它们转身容易，也乐于技术革新，这恐怕是丰田这样的巨擘难以企及的。

国际化的阵痛

20世纪70年代，日本经济在摸索和调整中前进，日本公司也在摸索中开辟着国际化的路径。率先进入美国的索尼，在1971年又做出了一个惊人的举动——选择了一个美国人来管理公司。

即使在今天，日本公司在海外的机构也很少采用外国人当一把手，而是常常派遣日本人去世界各地管理公司，同时培养人才。后来日本还出现了一个词儿，叫单身赴任，意思就是很多上班族背井离乡，奔赴外国工作。

　　1971年6月，盛田昭夫的妹夫岩间和男来到纽约，成为索尼分公司的总裁。但盛田昭夫一直对自己这位亲戚有些不满。因为岩间和男这孩子虽然很聪明、头脑灵活、热爱技术，但在销售和社交方面远远达不到盛田昭夫的要求。正好在这个时候，哥伦比亚广播公司的哈维沙因跟盛田昭夫说，他打算跳槽。盛田昭夫大喜过望，他知道，这个美国管理人才正是自己所需要的，他思维敏锐，颇具美国式的进取精神，在他管理哥伦比亚广播公司期间，公司业务量大幅上涨，成为美国几大广播公司中的翘楚。

　　加入索尼公司，并且担任首席执行官之后，哈维沙因让索尼在美国的业务在5年内翻了近3倍，销售额从3亿美元涨到7.5亿美元。

　　从工作和赚钱来看，哈维沙因自然是称职的，但很快，盛田昭夫就意识到，让一个美国人俯首听命还真不是件容易的事情，文化的冲突、思维的差异、性格的迥异，让盛田昭夫和哈维沙因一度陷入僵持阶段。如盛田昭夫这样会表演的人在面对文化观念的差异的时候，也难以一帆风顺地经营公司了。

　　哈维沙因是一个标准的美国式管理者，性格异常直率，不会拐弯，看你不顺眼张嘴就骂，他自己都说自己是头剽悍的驴。这和日本人倡导的含蓄、委婉的东方处世方式形成了鲜明的对比。我在盛田昭夫的回忆录里发现了这样一段话："他（哈维沙因）的方法不是日本式的，而是以单纯、强硬、直率和明确的逻辑性为基础的，不给人留什么余地。"

　　但也如同盛田昭夫所说的那样，索尼公司不能没有哈维沙因。比如他在担任索尼美国公司总裁的时候发现，索尼在圣地亚哥建立了一家显像管工厂，这对索尼来说潜伏着巨大的风险，因为圣地亚哥的环保标准非常高，就算工厂建设成了，也很难开始生产。

于是，哈维沙因向盛田昭夫表示，必须停止工厂建设，或者提高索尼的环保水平。盛田昭夫婉言谢绝，他说，在圣地亚哥建工厂没问题。

哈维沙因怒了，他大声吼叫："我了解你，你不过是喜欢圣地亚哥的高尔夫球场罢了！你没有照顾到索尼集团的利益！"

盛田昭夫还真是喜欢那个高尔夫球场，但更重要的问题并不在于此。索尼公司里有些高层一直反对在美国办厂，因为工厂建在韩国的话，人力成本低、离家近。但盛田昭夫认为，索尼必须区别于其他公司，必须深入西方世界的腹地。而圣地亚哥坐落着惠普公司，这家公司当时是反工会的，也就是说，工人不会轻易提出涨工资这样的要求，所以，盛田昭夫选择了圣地亚哥。

盛田昭夫最后说服了这个剽悍的美国人。哈维沙因也同意管理这家工厂，但他提出一个新条件，那就是美国业务都必须直接向他汇报，而不是绕开他给日本高层打电话。

盛田昭夫同意了。

但后来，美国人和日本人之间的矛盾还是无休止地扩大化了。1975年，索尼在美国新建了一家磁带厂，投产之后，盛田昭夫要求哈维沙因投入500万美元做广告宣传。美国人坚决反对，他说，根本看不出来市场上需要那么多录音带，何必瞎花钱。

拉锯战又开始了。每天早上盛田昭夫都要给哈维沙因打电话，常常大骂他鼠目寸光。哈维沙因在扛了一个月之后，勉强答应了。

表面虽然平静了，但性格、文化的差异依然存在着，并且等待着新的爆发点。

1975年，索尼著名的一款产品Betamax进入美国市场。这是一款经典的录像机，因为轻便、好看享誉世界。但价格也"很好看"，售价达2000多美元。哈维沙因跟盛田昭夫说，价格太贵了，卖不出去。

盛田昭夫说："我们索尼要为行业制定标准，高价格就是新标准。"

哈维沙因不以为然。

很快，盛田昭夫遇到了困境——录像机在宣传过程中被环球公司和迪斯尼公司起诉版权问题。起初，盛田昭夫也没太在意，因为索尼跟这两家公司都有业务往来，日本人以为，既然大家都是合作伙伴，不会兵戎相见的，大不了坐下来谈谈嘛。

哈维沙因知道了大惊，他告诉盛田昭夫，在美国没有起诉是能坐下来谈谈就搞定的，他指着盛田昭夫的鼻子说："兄弟，你要知道什么叫契约精神！"

盛田昭夫也惶恐了，他开始大量阅读美国的法律文件，培养自己的契约精神，他开始像一个真正的美国人那样思考和工作。两年后，这场官司落下帷幕，索尼胜诉了。

就这样，盛田昭夫和哈维沙因关系很微妙，常常争吵不休、常常几欲动手，但他们都会在短期内意识到对方可能是正确的。

真正让盛田昭夫和哈维沙因分道扬镳的是和松下电器的录像机争夺战。1957年，世界上第一台磁带录像机在美国问世，引起日本电子行业的集体关注。很多电子企业纷纷引入这台录像机进行销售，而盛田昭夫和井深大却很不服气，他们认为，西方人能造出来的东西，日本人一样可以。

井深大在公司内部会议上是这样说的："现在模仿这台录像机很容易，但抄袭不应该是索尼的任务，我们需要做的是让索尼的技术水平达到发达国家公司一样的标准，这才是最重要的。"

当时，日本广播公司、芝电器、日本JVC、日本电气公司、东芝公司都在开发录像机，而日本广播公司、芝电器和日本电气公司毫不犹豫地走向了模仿的道路，原样照搬了西方录像机的技术和样式，没做任何改进。

而索尼、东芝和JVC则开辟了另一条通途。

索尼在录像机诞生之后不久，就造出了一款更棒的产品，它是用双磁头带动的，速度更快，性能更好，当然，价格也更高，体积也更庞大。

井深大不满意，很快，工程师又设计出了新产品，体积是上一代的1/50，成为真正的便携式录像机。问题是，这款录像机价格太贵了，高达几百万日元，一般人根本买不起。

井深大再次找设计师、工程师的"麻烦"，让他们继续优化。

1969年，经过工程师们不懈的努力，索尼终于制造出彩色录像机，它的体积非常小，录像带只有3/4英寸，可播放90分钟，这在行业内已经是领先地位了。

井深大异常兴奋，他断言这款产品一定会改变世界。

这款产品就是Betamax。

当时盛田昭夫和井深大对这款产品寄予厚望，他们希望日本、甚至世界都以这款产品作为行业标准来制造。但没想到的是，JVC也在录像机研发方面取得了巨大进展，并且还获得了松下电器的认可，和松下的电视机捆绑销售。

紧接着，夏普、三菱等公司都采用了JVC的系统，JVC和索尼分庭抗礼。

在美国，索尼产品的销量也没有想得那么美好，因为松下、JVC的产品更耐用，使用时间能达到4个小时，远远超越了索尼。

所以，坦率地说，索尼在录像机市场上实际是败给了松下电器。盛田昭夫非常沮丧，同时，他和哈维沙因的关系也慢慢变冷。

哈维沙因在索尼录像机失败之后，大骂盛田昭夫无能，说他不懂美国市场，盲目行动，才导致了战略失败。

事后，哈维沙因还是挺后悔的，主动跟盛田昭夫道歉。但是，我们知道，盛田昭夫是一个会表演的日本人，他原谅了哈维沙因，还告诉他，以后不用干活了，去当索尼美国公司的董事长吧。潜台词就是：拿点钱，别再管公司的事情了。

1978年，哈维沙因正式离开了索尼公司。

没有一家公司的国际化路途是一帆风顺的，在后来的岁月里，索尼还任用了一位美国人做自己的全球总裁，他叫霍华德·斯金格，那是索尼国际化的另一波高潮了。

20世纪70年代的日本，就在财富与理想、危机和奋斗中逝去了。后来的经济学家说，20世纪70年代，日本处于调整期，国家经济从高速增长走向了平稳发展。而在我看来，这种平稳的发展蕴涵着更大的力量，企业家们克服了一个个困难，艰难前进。

盛田昭夫、丰田喜一郎、松下幸之助、本田宗一郎这4位企业家从事着当时最伟大的事业，但他们的起步都没有那么绚烂，他们就像几百年前的家族领袖一样，从田间地头出发，从仓库车间出发，从作坊荒地中出发，一步一个脚印地走向辉煌。

20世纪，毫无疑问是电子工业和汽车工业的时代，西方人发明的伟大产品被日本人不断改造成为赚钱利器。当今互联网、手机等新兴产业又一次勃兴，在这个新时代里，日本人是落后于时代的脚步，还是依旧取得了胜利呢？

我想，稻盛和夫给了我们一个答案。

当时间进入20世纪80年代之后，日本迎来了战后最为黑暗的年月。两代人创造的财富瞬间消失，大公司不断僵化，国家经济黯淡如乌云。但即使在那段时间里，日本也不断涌现出新的企业，在产品和管理模式上革新自己的前辈；而那些大公司一方面显现出颓势，另一方面也在不断反思。

PART II

下　部
对抗泡沫

第一章

危机重重的日本

美国人的小弟弟

当我再一次准备书写日本的时候，希望能换一个视角。在此之前，我想象自己是天空中的飞鸟，穿越历史的浓雾，飞越过丰臣秀吉征战的大地、飞越过福泽谕吉①摊开的书页、飞越过丰田喜一郎绝望的眼神，也试图越过战争、灾难制造的庞大废墟，看一看这片并不广袤的土地上焕发的生机。

今天，当我停留在历史和现实的交界处，却强烈地感到无所适从。因为越接近今天，历史越难书写。所以，我必须换一个视角，尽量不是浮光掠影地审视这个国家商人们的命运。

也因此，我尝试着放下心里的翅膀，降低高度，慢慢下沉，融入这部强大的国家机器当中，看它如何呼吸吐纳，如何除旧布新，如何对抗流言蜚语，如何树立始终如一的价值观，如何叙述自己的生命乐章。

这段故事也开始慢慢变得扑朔迷离，离开了迅猛的发展态势，日本走到

①　福泽谕吉（1835—1901）：日本近代著名启蒙思想家、明治时期杰出教育家，被誉为"日本近代教育之父"。

了失去的10年的门前，事实到底是如何？是什么样的因果，让这个依然不断前行的国家甘心说出自己陷入困境的话语呢？

20世纪80年代，日本的经济车轮遇到了阻碍。铁幕在70年代中后期已经垂下，石油危机、尼克松风波纷至沓来，日本故步自封地发展模式开始遇到前所未有的挑战，开放还是封闭、前进还是倒退，这些争论喧嚣尘上。而在这个危机四伏的年代里，企业家的力量在不断壮大，他们经过了二战之后的清洗、经历了六七十年代的飞速发展、经历了全球化的猛烈撞击，开始告别潜伏的生活，走到国家命运的前台，发出振聋发聩的声音。这些企业家们不断遭遇挫折，也不断自我救赎。

发生在1973年的石油危机，是对资本主义世界的一次猛烈打击，西欧和美国或多或少都受到了冲击，当时还依赖于美国保护的日本更是损失惨重。美国的工业生产下降了14%，日本的工业生产下降了20%以上，所有的工业化国家的经济增长都明显放慢。除了数据之外，当时日本经济方面最大的表现是，物价飙升，1976年日本原油价格比1972年危机之前整整上涨了4倍以上。日本本来就是一个资源严重依赖海外的国家，石油价格的上涨带动了很多资源价格走高，让缺钱少粮的日本雪上加霜。比如1974年和1976年夏天，日本电费价格分别上涨了57%和23%，创二战之后的新高。同时，由于能源价格看涨，其他消费类产品的价格也跟着水涨船高。

但是从表象来看，当时日本的经济依然展现了蒸蒸日上的活力，甚至成为日本人引以为傲的口实，他们相信，强悍如美国的经济体抵御危机的能力也落后于蕞尔之国的日本。1973—1976年这几年，日本GDP平均增长还保持在8%以上，而此前几年这个数字基本上都是10%。

但是，推开了20世纪80年代的大门，所有荣耀和苦闷都集中爆发出来，日本商业历史上最戏剧性，也是对后世影响最大的一个10年来临了。和飞黄腾达的20世纪六七十年代一样，这个10年或者说20年，也一同被写进了商业史的画卷当中，只不过是以警醒世人的口吻。

导火索是汇率问题。汇率一直是美国人强有力的武器，至少在他们一统天下的20世纪80年代是这样。日本在前20年的飞速发展让美国人有点坐立不安了，他们决定拿起自己的武器，狠狠敲击日本一下。

二战之后，美国人开始对自己奉行的民主理想深信不疑，同样让他们自豪的是美国强大的经济制度，这个制度不仅推动了反法西斯战争的胜利，还让世界货币都和美元挂钩。但随着西欧和日本的迅速崛起，一切都发生了变化。

首先是金本位制度开始瓦解，换个角度来描述的话，也就是美国经济也在走向衰退。1971年，美国宣布放弃金本位制度，影响战后世界经济格局的布雷顿森里体系也宣布崩溃。

1980年，里根成为美国总统。这位出色的幽默大师信奉强大的美国对于整个世界意义非凡，他实施了一系列有效的措施，在"新自由主义"的思想引导下，通过减税、控制货币供应量缓解通胀的压力，而提高利率的紧缩政策必然导致美元的升值。这也暗合了里根的需求，他早就喊出了"强大的美国需要强大的美元"的口号。

但问题是，当时美国经济陷入低迷，企业在市场上遭遇日本公司的围剿，生存困难；同时，美国负债累累，早就从二战之后伟大的债权国沦落为纯债务国。有人不无嘲讽地说，里根的口号就是"诅咒经济学"。

但是这个政策对那个时期的日本来说，是个利好消息。美元持续升值，让日本那些物美价廉的产品不断蜂拥入美国市场。

长久以来，日本政府对日元汇率的控制非常严格，一直和浮动汇率制度背道而驰，可以说，日本企业虽然在努力国际化，但日元还处在一个相对封闭的体系内，自娱自乐。

1971年，在美日贸易里，美国破天荒地出现了贸易赤字，而日本的外汇储备也是历史性地达到了76亿美元。这让一向骄傲自大的美国人心灵受到重创，一个后来的强者让前辈坐立不安。

事实上，经过60年代的高速增长，日本企业的综合实力飞速增强，在世界商业地图上已经成为一支不可小觑的力量。特别是日本当年推出的国民收入倍增计划大大提高了中小企业的竞争能力，企业把增长的收入投资于固定资产，又使生产效率获得大幅提升，商品价格不断降低，而质量则稳步提升。这种优美的良性循环成为日本经济起飞的有利因素。

有个数据是这样统计的，在20世纪60年代中期到20世纪70年代的几年里，日本劳动生产率提升了60%，而同一时期，西方世界的劳动生产率下降了10%，不得不佩服日本人的远见卓识。

但美国人感受到了巨大的威胁，进入70年代之后，美国多次指责日本制造了电视机、纤维的倾销案，力图控制日本出口的增长速度。日本很窝囊，只得接受美国人的责难，因为日本自己对进口也有一定的限制，比如限制农产品进口等。再加上，当时美国正准备归还日本的冲绳岛，日本在对老大哥感恩戴德之际，实在不愿意撕破脸。

于是，后来者日本决定放低身段，暂时妥协，至少在表面上，日本人还是听了美国的话，降低关税，停止进口限制、撤销非关税壁垒等等。不过实际上，这些政策并没有彻底实行。

但到了里根时期，一切都发生了改变。

利益还是自由

在那场没有硝烟的战争中，美国人不断给日本施加压力。1983年10月16日，一个阴霾的早上，日本驻美国公使内海孚前来拜访美国财政部。这位身材矮小的日本人坐在宽敞的美国财政部办公室里，诚惶诚恐。

没想到的是，副部长R.T.麦克纳马尔抓住内海孚的手，声泪俱下地说："财政部是美国政府里最孤立的部门，你不能放弃我们！"

内海孚激动地说不出话来，说实话，这是日本人在二战之后第一次被美国人如此重视。当然，他也知道麦克纳马尔的话外之音。

再过一个月，里根总统要去日本访问，在此之前，美国财政部希望日本能尽快打开汇率市场，走向开放。

麦克纳马尔向内海孚发出了美国财政部的最后通牒：日本政府应该放弃以前的保护政策，比如，外国投资者在日本的很多领域投资金额受限；还有，日本公司对美国企业的收购风生水起，各种收购订单纷至沓来，可是美国人要想买日本公司却困难重重。美国人的理由是，一个封闭的市场与一个开放的市场对决，这是极为不公平的。

麦克纳马尔几乎是跪在地上对内海孚说："求求你们了，这些东西不改变，日本不开放，财政部无法向总统先生交代！"

而麦克纳马尔的潜台词是，要解决这些问题的根本钥匙是，让日本汇率走向浮动，而不是被日本政府牢牢控制着。

这是一次突然的"攻击"，虽然美国财政部副部长表现得谦卑、谨慎，甚至低三下四，但内海孚明白，一场无声的战争已经打响，在美元走高的形势下，美国极其希望日元能更加市场化，汇率能上升，让美国的工商业受到保护，让日本的制造业慢慢冷却一些。

麦克纳马尔的最后通牒很快传到了日本国内，大藏省财务官大场智满仿佛被狠狠地抡了一棒子。

从那天开始，大场智满开始频繁地和美国财政部交换书信，他时而语言温和，循循善诱，时而措辞激烈，痛陈利害。

美国财政部则站在开放、自由的制高点上予以回复：

> 推动日元国际化，在短期内会造成日元贬值，但从长远来看，日元还是会升值的。日元国际化会造成一定的影响，但从长期来看，符合日本的经济利益。而让日元坚挺的目前途径，就是开放资本市场，不要封闭了。

就在双方扯皮的时候，距离里根总统去日本访问的时间越来越近。与此同时，激烈的争论还在继续，而且范围不断扩大。日本外务大臣、通产省大臣纷纷登上美国领土，企图在日美贸易方面获得一些新的突破，安慰一下美国政府因为贸易失衡而痛苦的心。

可事实是，美国人根本不需要别人安慰，态度也越来越强硬，他们告诉日本，必须继续开放市场，在木材、石油、电信等领域敞开胸怀，迎接美国人。

紧接着，美国议会通过了要求日本"废除农产品进口的一切非关税壁垒"法案。

同时，日本大藏省又收到了美国财政部的信件，他们这次不再诉苦，而是冷峻地罗列了要求日本开放的各个项目，特别强调要求日本限时开放汇率。

最后，美国财政部长里甘亲自写道："对日本要加以探讨的词语，我非常灰心。"毫无疑问，美国人一灰心，日本就肝颤。他们知道，不改变不行了。

11月1日，距离里根总统访日还有8天的时间。在这一天，美日终于草率地达成了看似一致的意见。当时，内海孚告诉美国财政部，修正日元价格低、美元高价的现状，希望美国能购入日本国债，以此保护日本人的利益。

美国财政部的回答是，不行，因为这么做会违反《金融管理法》。但是，美国会采用别的方式介入购买日元，让日元坚挺起来。

不管怎么说，这个回答还是让日本人比较满意的。两天后，美日财经政要们又在旧金山聚会了一次，双方同意筹备一个特别工作组，保证日本在打开市场之后日元不受大的冲击。

所有的铺垫工作都做好了，11月9日，里根如期而至。

当时的日本首相是著名的中曾根康弘，中国人对这位首相肯定不陌生。里根总统见到中曾根康弘后，语重心长并且咄咄逼人地要求日本继续开放市场、督促日元国际化。

而中曾根康弘也很老练，他不紧不慢地告诉里根，美元升值、日元贬值是因为美国高利率政策引发的，美元发挥主观能动性，放弃了和黄金挂钩，然后又通过人为的方式实行紧缩政策，这必然影响美元价值走高，怪不得我们日本人啊。我们日本人生产了那么物美价廉的产品，你们非要买，我们也没辙。

逻辑是这个逻辑，看似没错，但国家和国家之间的博弈从来不按照逻辑办事。唯一的标准就是拳头。

还没等里根说话，美国国务卿舒尔茨冷笑着回复了首相先生："懂金融的人都知道，利率只是一种手段而已。日本越来越开放，在世界经济的地位就会越来越强大，必须走向开放，才有前途。"

中曾根康弘脑中一片眩晕，他知道，自己无法抵挡美国人的压力。在会谈之后，日本终于表态：日本将推行金融资本市场自由化和日元国际化措施。同时，废除之前规定的封闭政策，日元和日本经济将走向世界。

但走向世界的美景似乎还有些遥远，当时日本人看到这则新闻，第一个反应是：美国人的金融黑船来袭了！

大藏省官员们的反对意见也很强烈，他们普遍认为：日元要不要自由化跟美国人有什么关系？老子自己的钱还不能自己决定了？

这个呼声越来越强烈，弄得首相先生痛苦不堪，他深深憎恨自己的手下们，违背美国的意愿日本能有好处吗？

反对意见太激烈了，首相不得不出面，他紧急召开会议，要求大藏省大臣平息纷争，顺利推进日本的自由化。

接着，日本大藏省财务官大场智满又召集自己的团队开会，他准备给大家洗脑，在会上，他告诉众臣："日元的自由化不是在外部压力下进行的，我们要自主推进。如果美国人没提出这个要求，我们也要改革。最后，这个改革是渐进的，不会给日本经济带来大的冲击，放心吧，各位！"

大场智满这一次绝不是给属下开空头支票，经过仔细研究，他找到了和美国人抗衡的武器，他坚信，只要提出两个理由，美国人也不会逼迫日本太紧。

一个是世界银行的增资问题。世界银行这个组织是在1945年二战结束之后建立的，当时的目的是为了让受战争灾害严重的国家能迅速恢复。当然，要想接受世界银行的贷款，必须要是国际货币基金组织的成员。刚刚成立的时候，世界银行注册资本是100亿美元，成员国必须申购股份。

20世纪80年代，世界银行成员国一致认为应该增资，日本非常积极，出资额已经跃居各成员国的第二位，可是美国人突然变得很吝啬，迟迟没有拿出增资方案来。大场智满认为，这一点可以当做和美国博弈的工具。

另外一方面，日本人一针见血地指出，美国政府不断扩大赤字，只能靠高利率来弥补，这使得日本资本疯狂进入美国，造成了美元升值，从而影响了美国的对外贸易。换句话说，美元升值这事儿不能怪到日本人头上，这是美国政府自作自受。所以，如果美国人愿意调整自己的经济政策，日本就会进一步推动日元自由化。

虽然日本一直抵制升值和货币自由化，但政府内部也有支持者，他们从贸易的角度剖析，日本出口额太高了，这样不利于经济的发展。细见卓就是其中之一，作为大藏省财务官，他很早就向首相提议，提高日元汇率，并且在预计时间内，将汇率稳定下来，因为日本出口额太大，遭遇国际社会的狙击就会成为常态。另外，日元升值还会让国民受益，虽说企业会受到一些影响，但日本经济体本身很健康，已经可以不依靠出口来刺激经济发展了。

除了财务官之外，还有一些人已经意识到日本开放金融市场的重要性。野村证券也利用媒体发表言论：日元升值会打击一些小零售业和农业，但实际上，那些不堪一击的企业也的确到了要整肃的时候了。

在内外各种压力之下，"广场协议"诞生了。协议内容这样写道："1985年9月22日，美国、日本、联邦德国、法国以及英国的财政部部长和中央银行行长（简称G5）在纽约广场饭店举行会议，达成五国政府联合干预外汇市场，诱导美元对主要货币的汇率有秩序地贬值，以解决美国巨额贸易赤字问题的协议。"因协议在广场饭店签署，故该协议又被称为"广场协议"。

"广场协议"签订后，上述五国开始联合干预外汇市场，在国际外汇市场大量抛售美元，继而形成市场投资者的抛售狂潮，导致美元持续大幅度贬值。1985年9月，美元兑日元在1美元兑250日元上下波动，在协议签订后不到

3个月的时间里，美元迅速下跌到1美元兑200日元左右，跌幅达25%。在这之后，以美国财政部部长贝克为代表的美国当局以及以弗日德·伯格斯藤（当时的美国国际经济研究所所长）为代表的金融专家们不断地对美元进行口头干预，最低曾跌到1美元兑120日元。在不到三年的时间里，美元对日元贬值了50%，也就是说，日元对美元升值了一倍。

时至今日，日本学界仍对"广场协议"充满争议，到底日元是尊重日本利益，还是在美国胁迫下走向了自由汇率制度？其实，这是一个伪命题。世界从来不是公平的，美国几乎支配着这个世界所有的贸易往来，拥有资源优势、货币能量、文化口径，等等。

日本在朝鲜战争之后，国际影响力不断扩大，但在世界贸易格局下，它依然是美国人的小弟。日本企业家身处胶着的境地，他们希望超越美国成为世界制造业的中心，带领日本品牌席卷世界，但另一方面，美国并不允许日本迅速崛起，他们希望日本永远是自己的追随者。

日元升值之后最直接的结果就是日本物价上涨。但其实，从目前的数字来看，并没有显示出"广场协议"重挫了日本经济。甚至有人说，"广场协议"的影响力被高估了。比如，1987年，日本出口额增长了3%，1988年增长了12%，1989年猛增到21.4%，即使是泡沫经济崩溃的1990年，日本的出口额继续保持了7.6%的增长。但值得说明的是，"广场协议"证明美国在世界经济格局中依然有强大的影响力，而日本市场半推半就地不断被撬开也未必是坏事儿。

甚至有媒体说，早在"广场协议"之前，日本经济已经出现失衡的状况。出口额的飞速增长换来沉甸甸的美元，而日本市场封闭，进口额很低，这就造成了美元越来越多，越来越不值钱，日元则随之升值。

所以，当时《经济学人》杂志曾经刊登了一篇文章，指出，"广场协议"并非是美国对日本的狙击，而是日本人自己的选择。后来，日本藏相（财务部部长）竹下登也证实了这个说法。

而在"广场协议"之后，日本政府为了对抗升值，又开始增加货币供应量，这就造成了日本物价上涨，民间怨声载道。从数据上看，日本央行的贴现率从1986年年初的5%持续下调到1987年年初的2.5%。与此同时，广义货币供应的增长率从1985年年初的不到8%加速到1988年年初的12%，银行信贷增长也出现了同样的趋势。

第二章

货运大王浴火重生

一道魔咒

石油危机的影响绝对不是空穴来风，它像一个魔咒，改变了很多企业的命运。事情要从1972年的5月28日说起，这天的日本来岛海峡水面平静，阳光照射在海面上，反射的光影投进坪内寿夫的眼睛里。不远处是四艘油轮，它们体型巨大，每一艘都有13万吨重，有种遮天蔽日的气势。对坪内寿夫来说，这是他创业历史上最重要的时刻，也是他生命中最苍白、恐惧、绝望的一刻。

时间退回到1962年，当时正是日本经济飞速发展的时期，个人、组织和国家都被某种莫名的情绪所激发，人们相信股市不会跌、房价不会下降、收入的增长不会停滞，日本一定是高歌猛进，永不退缩的。

日本最大的海上物流公司照国海运也被急速发展刺激了神经，人们为纷至沓来的订单忙得不亦乐乎，为了满足客户的需求，照国海运决定向来岛船坞购买八艘巨大的油轮。

来岛船坞的领军人物就是坪内寿夫。当时照国海运是这样跟坪内寿夫说的："我们的油轮奔赴波斯湾，每一艘船拉回满满的石油就能大赚一笔，船越多，赚得越多。所以，还等什么！快点给我们巨轮吧！"

第二年，第一次石油危机爆发了，隔年，照国海运的危机浮出水面。他们要求撤销订单。但来岛船坞已经购买了制造四艘油轮的钢材，如果取消订单，前期投入都将打水漂。

来岛船坞勉强接受了取消建造四艘油轮的事实，而另外四艘则必须完成，照国海运也只能购买。

但事实是，到了1965年，照国海运宣布破产，四艘巨轮的后续事宜便就此搁置。

油轮属于订购产品，谁也不会在没有买家的情况下自己造着玩儿。而当买家一旦消失，处理的方式就是降价出售。许多物流公司会抓住这个机会，压低价格，趁火打劫。当时，的确有人提出以低价购买油轮。

坪内寿夫的回答是：拒绝。

于是，在接下来的几年里，四艘油轮就像四个巨大的怪兽一样伫立在海面上。对坪内寿夫来说，这四艘巨轮也是四个魔鬼一样的存在，他总是在思考，如何让它们存在下去，并把损失减小到最少。

他思考出的办法很简单：公司员工停止加薪10%，用来维护四个巨兽。

员工的抱怨自然如洪水般袭来，但更可怕的是，谣言也开始晃动来岛船坞的根基。关于公司破产、倒闭，甚至连坪内寿夫准备携款潜逃的传闻也甚嚣尘上。实际上，来岛船坞的情况的确岌岌可危。这家公司全年营业额不到1000亿日元，而四艘巨轮的不良存货就达到了300亿日元，占营业额的1/3。这对任何一家公司来说，都是场噩梦。

但难能可贵的是，在最艰难的时候，公司没有一个人提出辞职，他们面对谣言和传闻依然选择了相信坪内寿夫。坪内寿夫决定向银行融资，而他给出的担保是：我没有其他东西能做担保，我的担保就是我的员工，他们依然坚定地和我在一起共渡难关。

银行居然答应了，他们也相信眼前这个身材矮小的中年人有某种强大的力量，带领企业度过最困难的时期。

从1966年开始，情况有了转机。两家海湾的公司开始租用来岛船坞的油轮，四艘巨兽终于动了起来。在之后的七年里，这两家公司频繁使用四艘油轮，最终以40亿日元购买了他们。

坪内寿夫算了一笔账之后发现，公司共亏损了160多亿日元。

但坪内寿夫又做了一件让人惊诧的事情：他把欠员工涨薪的钱分期补发给员工，还以每年6%的利率补发利息给员工。

更要命的是，身陷困境的坪内寿夫还在努力帮助兄弟企业。东邦互助银行跟坪内寿夫有着长期的合作关系，当照国海运破产的时候，这家银行也受到牵连，分担了照国海运30亿日元的亏损。法院要求东邦互助银行发行债券以此抵债。

此时，坪内寿夫告诉法院，他愿意收购30亿日元的债券。这个举动帮助东邦互助银行削减了债务，使其重新站立起来。

王者还是魔鬼

1975年，对坪内寿夫来说是个分水岭，这一年他度过了危机和绝望，同时，他开始谋求变革，后人把这一年称为来岛船坞的"强化元年"。

坪内寿夫的名字，并没有广为人知，但在日本企业家心目中，他地位显赫，与松下幸之助并称为"经营双雄"，他创办了180多家企业，覆盖重工业、造船和冶金行业，是名副其实的"重建王者"。但另一方面，坪内寿夫的企业管理方式也广受诟病，许多人叫他"吸血魔王"、"商界恶鬼"。他几乎是日本商业界最具争议的人物，菩萨心肠和吸血恶魔的特征居然呈现在一个人的身上。

坪内寿夫身高不足170厘米，体重有200斤。他曾经多次减肥，都以失败告终，坪内寿夫的自嘲是：我能让我的企业发生深刻变革，但真的没有能力改变我的体重。不仅身矮体肥，更要命的是，坪内寿夫长得奇丑无比。他的一位传记作家这样描述自己的传主："太大了，他的头太大了，无论怎样都太大了，同样大的，还有他的嘴和鼻子。"

在经营风格方面，坪内寿夫的确异常强悍，甚至专制。早年，他曾经营电影院，那时候，日本流氓横行，他们不习惯看收费电影，堂而皇之地进入影院。坪内寿夫得知此事，暴怒，他带着菜刀坐在电影院门口，谁要敢不买票就冲上去拼命。

这一点是其他电影院做不到的。

后来，日本一些媒体发表文章说，流氓之所以怕坪内寿夫，是因为坪内寿夫本身就是一个流氓头子。文章旁边还贴了他的巨幅照片，彪悍的容貌让人望而生畏。

所以，日本社会对坪内寿夫的评价一直都处于矛盾的两级——喜欢他的人恨不得都变成女的嫁给他；厌恶他的人就异常憎恨他，恨不得啖其肉喝其血。

但坪内寿夫对此不以为然，他说自己从不去应和别人，只做那些他该做的事情。

他是个大炮，总是毫不留情地批评人，点名道姓地直叱其非。1971年，坪内寿夫准备重整东邦互助银行。他进入公司就破口大骂，斥责这家银行的创业者独裁、任人唯亲、经营混乱。接着，这位大炮把公司高层全部开除，自认为董事，重塑银行。

如果说，这家银行的创业者是个独裁者，那么坪内寿夫也没好到哪去。

坪内寿夫曾办过一份报纸，他想采访爱媛县政府，结果被拒绝。按理说，这是非常正常的，政府不是百货商场，谁想来就来。但坪内寿夫就是那么"轴"，他居然起诉政府，说不接受媒体采访是违法的，还要求1000万日元的索赔。最后，坪内寿夫胜诉了。

坪内寿夫掌管的企业有180多家，涉及各个领域，但他获取公司的手段非常独特——帮助那些陷入困境的企业，让它们重新焕发生机。

从1953年到1984年的30年间，坪内寿夫接管了14家造船厂，而他都在短期内让这些公司消灭了赤字。这是一个了不起的成就，因为在战后的日本，造船业是个投资巨大但回报不高的行业，到了泡沫经济时期，媒体更认为，日本的造船业是"结构性不景气"的行业，而韩国的造船业飞速发展，也对日本产生了巨大压力。

当然，坪内寿夫每次接手一个公司，都会大骂前任无能。当时日本有《公司更生法》专门规范了对一些濒临破产的公司如何整肃的手段。其中规定，濒临倒闭的企业如果被接手，可以免除70%～80%的债务。这对接手人来说当然是好事儿，可以节省大笔开支，但对于债权人来说，无疑是灾难。

坪内寿夫从不在意这些，他介入一家公司之后，总是自掏腰包偿还债务，甚至退休员工的退休金，他都照常支付。因为按时偿还债务，坪内寿夫获得了银行的认可，也因为此，当他最困难的时候，银行才会慷慨解囊。

即使如此，坪内寿夫还是不断受到攻击。他在整饬一家叫佐世保重工公司的时候，为了偿还债权人金钱，被迫削减员工工资，新闻媒体闻风而动，开始撰写大量文章，斥责坪内寿夫是个吸血鬼，随意蹂躏员工的利益。"如果不还债权人的钱，就不会获得融资，公司必然倒闭，那时候倒霉的难道不是员工吗？"

但在媒体的攻击声中，坪内寿夫的声音被淹没了。这么庞大的企业，要面临各种复杂问题，各种变革的代价，各种利益的纠葛，站在高处的坪内寿夫必然成为众矢之的。

坪内寿夫被称为"重建之王"，他收购那些濒于破灭的企业当然是依靠了强大的资本，但让这些公司重新焕发生机，就不仅仅是钱的事儿了。

职场人士都有这样的体验，新主人不那么容易得到员工的欢心，他们总会采用各种方式表达自己对新领导的不满。再加上坪内寿夫臭名昭著、独裁专制的声誉人所共知，他遭到抵制和对抗就理所当然了。

老谋深算的坪内寿夫对待这些抵制早就见怪不怪了，他知道开除反抗的员工或者采用更极端的方式都于事无补，他唯一能做的能让企业焕发生机的方式就是，拉拢那些老员工，用洗脑的方式让他们接受自己的思想。

在一个荒无人烟的孤岛上，所有刚刚加入坪内寿夫集团的员工都要在这里进行魔鬼式的研修。男员工们站在烈日下，高声背诵公司的训词，接下来进行自我反省，每一个人都要说明自己为何会引发一家企业走向没落。

总之这个培训模式极为变态，但这种模式的确能在短期内产生效果，自我反省的确能激发人对自我的重新认识，进而找到一家企业走向失败的原因。

职场中的人，习惯接受自己的优点、公司的缺憾，而很少去反省自己，坪内寿夫则激发了员工内心深处对自我的否定和再认识。

之后，坪内寿夫这种魔鬼培训法开始广为流传，无论大家怎么评价这个特立独行的企业家，但这种培训方式却成为日本很多企业的学习对象。比如，日本国有铁道公司就把自省式培训引入他们企业内部，还召开了盛大的新闻发布会，事后，《朝日新闻》写道："在这里，没有什么精英，没有什么管理者，他们都是失败者，依然怀揣梦想的失败者。他们不断反思自己的错误，期待做得更好，他们依然有成就伟大事业的可能性，而这种可能性是一个胖老头带给他们的。"

说实话，我非常喜欢坪内寿夫的故事，他甚至颠覆了我一直以来对管理持有的看法。很多年前，我读过一本美国著名商业作家写的书——《从优秀到卓越》，他说一家企业要实现从优秀到卓越的蜕变，必须关注细节，缓慢发展，持续改善。但从坪内寿夫的经历中，我得到了崭新的观点。优秀的企业能实现卓越更多是因为它本身就已经很优秀了。而坪内寿夫的伟大之处在于，他能把一家奄奄一息的公司变成卓越的企业。

在这里，我想起《追求卓越》这本书里提到的一个案例，与大家分享。20世纪70年代，松下电器公司收购了摩托罗拉的电视业务，经过伟大的幸之助的整改，摩托罗拉电视的亏损从2000多万美元锐减到300多万美元，消费者的不满意率从70%降低到7%。

作者的结论是，通过松下幸之助的伟大改善，摩托罗拉电视也发生了质变。

这本书讲述的故事都是事实，没有一个数字是虚构的，但他们对过程的描述只是选择性的。畅销图书《黑天鹅》中讲述了这样一个道理：我们为了证明自己的结论，总会有选择性的挑选论据，而忽视那些更重要的经过。这就好比，妻子想让丈夫戒烟，会对丈夫说，如果你不想得癌症，就别再抽烟了，她省略的内容是，很多原因会造成肺癌。心理暗示是，抽烟才是致癌的唯一要素。

当时，日本松下电器派遣了最优秀的员工奔赴美国摩托罗拉公司，经历了九死一生的过程，耗费了巨大的成本才让这家公司减少了亏损，后世不断批评松下的行为：花费如此力量挽救摩托罗拉到底有没有必要。而在此之后，摩托罗拉也并没有为松下增加多少价值。

虽然在1975年，坪内寿夫带领企业度过了最艰难的时候，但巨额的损失依然高悬在他头顶上的达摩克利斯之剑，他决心彻底改革来岛船坞，实现中兴。

他迈出的第一步是，废除总务部。总务部究竟是干什么的？部门领导回答，是帮助社长写文件、做会议资料、写发言稿的。"社长的发言稿要使用别人写，还要我干吗？"坪内寿夫决定废止这个奇葩部门。他坚持认为，文件、资料当然需要有条理，但设立一个庞大的部门做这件事情实在是太浪费了。人力资源部完全可以胜任，再不行，还有法务部。至于演讲稿，"我演讲从来不用稿子"。

坪内寿夫决定通过改革和彻底革新，让来岛成为日本第一大造船企业。来岛船坞在出勤方面是个奇葩公司——职位越高的人，每天起床越早。早上7点，各部部长集中开会，制定一天的工作计划，并且制定分步骤完成的规划，20分钟后，下一级领导到位，部署一天的计划，20分钟后，员工进入工厂，开始实施工作。

在实施工作之前，有一个两分钟的表态时间：所有员工挥舞拳头，高喊，加油加油！接着，工作开始，车间内一片寂静，只能听见焊接发出的声响。坪内寿夫说，这就是他提倡的贯彻完全劳动，提升劳动密度的举措。

来岛一个工厂的员工大约有2000人，但管理部门只有不到100人。来岛每年的薪酬支出占销售额的1%，而当时日本的这个平均数字是4%～5%。换句话说，单位员工创造的价值非常高。

坪内寿夫能做到这一点的关键，在于他一直坚信"少数精锐"和"多元化"的理念。

这个理论落实的具体形态是，一人三用。也就是一个人负责三个职务，实现跨越式发展。比如有一位大哥，名片上写的是来岛船坞业务部，但他实际负责的工作包括总务、人事、发工资和福利。所以，别人问他究竟负责什么，大哥的回答是，负责全体员工的职责。其实，除此以外，他还是某餐厅的经理，因为对于造船厂来说，观光也是重要的一环。

虽然工作压力大，但这种方式的确让这位大哥迅速成长，独当一面。"我对各个部门都很了解，所以，在我面对客户的时候，从来不会说，我要问问领导，或者咨询相关部门，没有比我更清楚公司业务的人了。"

而他在相关岗位工作三年之后，会继续进入新的领域，不断轮替。

来岛船坞的掌门人坪内寿夫，其实没有自己的公务车。他旗下有一个出租车公司，有三辆车从理论上属于他的公务车，但这三个车的主要任务还是拉客当出租车用，所以，坪内寿夫每次上班前，要先打听那辆车闲置在哪，如果都在拉活儿，他只能坐公交车上班。

但坪内寿夫的司机也不容易，赶上拉老板上班的时候，他还需要顺便去餐厅，帮助厨师做便当、煮咖啡，或者在吧台接客。

一人三用的方式，被体现得淋漓尽致。

这是一个强大的组织，甚至比任何一个世界五百强的企业都强悍。西方商业领袖习惯强调制度：上传下达是一个坚固的体制，秩序井然，照章办事是必须的。但这种制度有个问题：决策缓慢、行动迟缓，一个环节出问题必然会牵动全身。

来岛船坞是另一种存在，哪怕是没有任何职位的普通员工都对公司的大部分细节了如指掌，客户从来没有机会说，"你不懂，叫你领导来！"这样的组织更具有破坏性，他们拒绝安逸而易生腐败的体系，坚持以灭绝人性的方式不断强化自我的能力，以此实现创新。

这基本上就是坪内寿夫的故事，在1975年，经过一系列彪悍的改革之后，到了20世纪80年代中期，当泡沫经济开始爆发之后，来岛依然是一家强壮的企业，其盈利能力和销售额都是日本第一，把第二名日立造船远远地甩在后边。

石油危机淡去，泡沫经济崩溃将至，后者不仅改变了日本蒸蒸日上的经济，还颠覆了日本人早已形成的集体主义价值观。但可贵的是，在泡沫经济崩塌之后，诸多企业开始了一场自我救赎，同时引导日本走向复兴的果断行动。

第三章

大时代，大泡沫

向银行开枪

英国的《经济学家》杂志的封面一向寓意深远。20世纪80年代末期，这本杂志以《太阳也会西沉》为封面报道，哀叹日本曾经辉煌灿烂的经济陷入了难以言表的暗淡。1989年12月，日本泡沫经济崩溃。房价、股市飙升，日元升值，货币宽松……

20世纪80年代，日本人在全世界进行着大采购。他们买来的不是鞋子、汽车或是马桶盖、衬衫，而是不动产、公司和艺术品——所有精美的东西。三菱公司出资8.5亿美元收买了被称为美国"富有的标志"和"美利坚的标志"的纽约洛克菲勒中心51%的股份；索尼公司动用34亿美元买下了被称为"美国灵魂"的好莱坞哥伦比亚电影公司、三星电影公司和汉堡的四季酒店；松下公司斥资61亿美元收购了美国环球影业公司；日本Shuwa株式会社购买了洛杉矶花旗广场和梵高的名画《向日葵》；美国广播公司大厦失守；花旗银行总部大厦易帜；莫比尔石油公司总部大厦陷落……日本通过投资来"收购美国"，逐步取得了对美国经济命脉的控制，而美国却无还手之力。据统计，1980—1988

年日本在美国的直接投资增长了10倍以上。日本人拥有2850亿美元的美国直接资产和证券资产；控制了超过3290亿美元美国银行业资产（占美国银行业资产的14%）；控制了加利福尼亚州银行业资产的25%以上以及其未清偿贷款的30%；在美国拥有的不动产超过欧洲共同体的总和；占有了纽约股票交易所日交易量的25%。对于他们来说没有什么是太贵的，只有很少的精美之作能够满足他们的要求。恐惧蔓延到了美国的领导层，他们充满了对异己的恐慌和对"黄祸"的恐惧。西方领导层的这种恐惧似乎是合理的，因为日本人公开买进了他们想要的一切。他们的财富是无穷的——就跟他们的债务也是无穷多一样。

这时期的日本人热衷于投机，模糊了投资和投机的界限。1987—1990年，日本人的财富上涨了3倍。之所以会出现大规模的通货膨胀，是因为日本国民并不是主要把钱用在消费上，而是投到房地产、股票等资产市场上。1983年，日经股价指数年平均为8800日元，1986年升至16400日元，升幅近1倍。从1986年1月开始，日本股市进入疯狂状态。1987年1月份，日经股价指数突破20000日元。1987年3月，日本股票市场的市价总额已经达到26880亿美元，占全世界的36%，超过美国居世界第一。

1987年10月的"黑色星期一"之后，西方各主要国家纷纷提高利率进行应对。日本却在国内资金极为富裕的情况下，继续保持超低利率水平，使其股票价格总额在两个月后达到全世界股票价格总额的42%，日经平均股价最高已经接近40000日元大关。此时，日本股票总市场已经占到GNP的1.6倍，占全球股市市价总额的42%。如果从1985年算起，到1989年为止，日本股票价格在4年时间内平均增长率高达49%，而同期实际GDP增长率只有4%。仅仅日本NTT公司的股票牌价就高于安联保险公司、巴斯夫集团、宝马、戴姆勒、德意志银行、蒂森钢铁集团的牌价总和。随着股市的上升，日本主要城市的土地价格也开始猛涨。东京、大阪等6大城市市区地带各类用地平均指数1986年为40，1990年达到110，4年间上涨了近3倍。1987年，地价上涨达到了高潮，全国各类用途土地平均价格上涨了22%，东京住宅用地上升66%，商业用地为61%，均为历史最高，住宅用地首次超过商业用地。这一年，日本政府实施了一项《完善综合休养地区法》，提出将国土的20%变成国民休养地，通过政府补助和税收优惠，鼓励完善生活休闲设施，以达到扩大国内需求的目的。这一政策推动土地价格进一步上升。在"土地神话"和大量过剩资金的推动下，日本土地价格从1985年的4.2万亿美元增加到20世纪80年代末的10万亿美元，上涨了2倍多。

然而，到了90年代初，泡沫的破灭撕破了表面的繁荣。日本让人惊叹的股市与房地产价格急速下跌，银行在巨额呆坏账面前，接连宣布破产。一度是世界第九大银行的日本长期信用银行，也未能幸免，时任总裁的大野木克信因为债务问题无奈入狱……就在一夜间，日本就跌落到了黑暗的衰退期。

在这个过程中，有一个关键人物，他在日本人信心沸腾的时候，及时遏制了事态向更恶劣的方向发展。他是当时大藏省（财政部）银行局局长西村吉正。2006年，他已经成为早稻田大学的一名学者，我有机会面对面采访了他，他也回忆了那段让他感叹的历史。

1990年海湾战争爆发，成为完全依赖石油进口的日本股市崩溃的导火线，当年日经225指数下跌38%，并从此一发而不可收，1992年跌破20000点，2003年跌破10000点，2008年10月跌破7000点，创下日本股市26年来的新低，相对此前的峰值已跌去80.95%。与此同时，日本房价急剧下跌，1994年东京、大阪等主要城市的房价已跌去50%，2004年房价最高跌幅达70%。可见这次危机的影响有多么深远。

1990年后，日本经济进入漫长的低增长时代，自此"黄金时代"一去不返。1975—1990年，日本GDP年均增长率4.1%，而美国同期仅为2.7%。1990—2000年，日本GDP年均增长率仅为1.6%，而美国同期却高达3.1%。经济低迷导致企业负债规模大幅上升，破产企业数量逐年攀升，失业率高居不下。

在这个时候，西村吉正保持了清醒的头脑，在每一个日本人都相信"Japan is No. 1"的20世纪80年代后期，在日本全民像吞下了摇头丸般疯狂的时期，西村吉正断然下令控制银行信贷总量，宣布让银行倒闭。

西村吉正认为，是日本人的自负心态，制造了日本的经济泡沫。如果心理与经济状态持平的话，就不会出现泡沫。但是，从1985年开始，日本人的心理膨胀的速度与经济增长水平落差不断加大，等到1991年人们意识到泡沫的时候，为时已晚。

绝望的十年

1990年，日元、债券、股票同时贬值，泡沫开始破灭，败象毕露。股价和地价的下降导致信贷担保物的贬值，金融机构为避免债权损失，迫切要求债务人尽快偿还借款或追加担保，这就迫使有关企业转让自己保持的股票和不动产，结果大大助长了出让股票和土地的风潮，导致股价和地价的进一步下跌。如此反复，形成恶性循环。但是，这时大多数人还没有充分认识到问题的严重性，以为经济的挫折很快就会得到克服。另外，房地产价格持续暴跌，致使许多房地产商和建筑公司在房地产领域的投资彻底失败，根本无力偿还银行的贷款而不得不宣布破产。房地产公司以及个人在向银行贷款时虽然都有房地产、股票等资产做担保抵押，但随着土地和股票价格的不断下跌，担保的价值日益下降，致使日本金融机构不良债权不断增长，资本充足率大幅下降。不良债权的大量增加导致金融机构的财务体制十分脆弱，抗风险能力下降。部分金融机构甚至还出现了资金周转失灵等问题，致使日本十大银行中的日本长期信用银行、日本债券信用银行以及北海道拓殖银行相继倒闭。中小金融机构的破产更是接连不断，日本金融体系发生剧烈动荡，险些引发一场严重的金融危机，日本银行的各项机能均遭到重创。

从1990年起开始的日本股票的价格下跌，是在1985—1990年期间日本政府为了减少日元升值带来的经济压力、缓解日元升值预期而采取扩张性的财政政策和货币政策所导致的结果。

从那时候开始，日本进入了失去的10年，这个漫长的黑暗时期一直延续到2003年。在泡沫崩溃之后，日本政府展开了一系列救市活动。对于银行来说，它们遇到最大的问题就是不良债权引发的巨额损失。随着地价一路下跌，当年那些以土地为担保贷款的公司纷纷破产，银行资金漏洞就迅速显现出来。这成为20世纪90年代中期，日本银行遇到的最大问题。

一时间，金融市场惨不忍睹，诸多强悍一时的证券公司纷纷消于无形。它们就像风雨中飘摇的小船，被巨浪接连吞噬，现在看看当时悲惨的情景，还是让人不寒而栗。

1997年，日本证券业界已有小川证券、越后证券、三洋证券等三家中型证券公司倒闭，而后来山一证券公司的倒闭是影响最为严重的。"泡沫经济过后，所有的企业都是在坚持，慢慢消化，"当年在山一证券工作过的一位员工回忆起当时的情况，还唏嘘不已。"山一证券代理的资产高达24万亿日元，在日本代理投资证券公司是不保底的，亏了赚了都是客户承担。不幸的是亚洲金融危机袭来，一些大客户找山一撤销投资，这些投资早就大幅度缩水，本来山一公司不用负责，但不敢得罪客户就用本公司的钱还债。"山一公司隐瞒了债务，这就违反了证券交易法，最终导致了日本政府的彻查。

而在接受调查的时候，正是山一证券创立100年的纪念日。

不过需要指出的是，日本证券公司的背后都有大财团的支撑，财团和那些江湖上声名远播的公司形成了错综复杂的关系，虽然有些公司破产倒闭，但财团通过自己的方式依然保持着健康发展的未来。

比如日本的芙蓉财团，它内部包括富士银行等都相互持股、相互投资。山一证券虽然负债累累，但是富士银行一直都为其提供贷款。因此很多本来早该倒闭的没有倒闭，泡沫消除的速度慢，也起到了缓冲作用。

芙蓉财团的前身就是著名的安田财阀。我在《日本商业四百年1》中曾经详细讲述过这个财团的创业故事。安田善次郎于1880年开设安田银行。安田银行于1948年改名为富士银行，进而和日产、根津、浅野、大仓、大建等旧财阀系企业，组合成新的富士财团。集团内核心企业包括旧安田财阀系的安田火灾海上保险、安田信托银行、昭和海运、东京建物、安田生命保险等；旧日产财阀系的日立制作所、日产汽车和日本油脂等；旧根津财阀系的日清纺、日清制粉、东武铁道和日本精工等；以及旧浅野系的NKK（粗钢日本第二）和京浜急行电铁等；旧大建财阀系的丸红（综合商社）；以及旧大仓财阀系的大成建设等等。富士财团派系众多，成员复杂，组织较松散。

参加"芙蓉会"的有29家企业，其中著名的有富士银行、安田信托银行、安田海上火灾保险公司、安田人寿保险公司等4大金融机构，还有日产汽车、日本钢管、久保田铁工公司等巨型企业以及综合商社丸红公司。

另一个大财团也在积极行动，那就是三菱财团。在泡沫经济崩溃之后，三菱集团内部还试图通过贷款拯救二菱汽车，大财团一方面让日本企业得以专心开发技术，一方面又阻碍了竞争，把竞争关系转化为竞合关系。

总之，在那个一眼望不到光亮的时代，每个日本人都经受着内心的煎熬和压力。这种压抑的氛围并非来自缺衣少食，而是从当年欲望满满获得收获的时期，一下子坠入无边的黑暗。

我想宫崎骏的影片《千与千寻》之所以能打动那么多人，就在于他描写了那个让人绝望的年代。影片主人公是1990年出生的独生女千寻。宫崎骏从孩子的视角出发，讲着日本社会的故事：泡沫经济破产后的长期不景气，旧有社会体制的难以改革，国民对政府内阁的强烈不信任感，这些都是成人的麻烦；而在孩子的世界里，学校道德败坏，校园暴力不断，少年犯罪更是司空见惯的黑暗。怎样找一把钥匙打开光明之门？在宫崎骏的故事里，千寻最终激发出身体里全部的潜能，成功地完成了自己的冒险。

当然，这个冒险的过程很漫长、艰辛，整整持续了十年。

一切都变了

很少有分析家从社会变化层面来分析泡沫经济崩溃对日本的深刻影响。实际上，泡沫经济的崩溃不仅仅给日本人内心蒙上阴影，也在一定程度上颠覆了既有的社会群落关系。

美国当代著名文化人类学家鲁思·本尼迪克特最让人称赞的图书叫《菊与刀》，这本书的主旨揭示了日本人矛盾重重的性格特点，比如崇尚礼节，内心又好勇斗狠。另一方面，这位女社会学家还提出，日本是一个集体主义观念过于强的国度。"具有集体主义特征的一个群体成了一种固定思维。"她甚至以为，日本人都有着压抑自己的个性，以此达到和集体利益相融合的基因。

但事实上，日本一些学者不同意本尼迪克特的主张，比如东京大学的心理学专家高野阳太郎教授彻底批判了这种观点，他认为所谓日本人属于集体主义范畴的观点是一种错觉，根据高野的案例分析，在全部19个案例中，有13个案例没有显示出日本人和美国人在集体主义和个人主义方面有太多的差别，有5个案例还显示了美国人比日本人更加具有集体主义的特性。他认为简单地把日本人归属于集体主义，欧美人归属于个人主义的这种固有观念是没有事实根据的。

当然，这是一个很抽象的话题，我力图简单地做些解答。在高野阳太郎之后，还有一些学者试图分析日本人的性格特点，最著名的是日本哲学先驱和辻哲郎的"人间"理论。在他之后，还有很多日本学者探讨过类似话题，但基本上都在他的研究基础之上。

简单说，和辻哲郎和他的后辈认为，日本人的集体主义观念不同于西方人的认识，西方的价值体系建立在权利和义务的关系上，强调的是集体和个人之间的利益冲突，而日本人则重视精神世界，比如，我这个个体，在别人眼中是什么样的。也就是说，你们是怎么看待我的，比我自己的感受重要多了。这就形成了日本人重视秩序、重视集体主义、重视自身在社会中如何被看待的性格。举个有些极端的例子，一个人日本人不随地吐痰，可能并不是因为怕污染环境，而是担心别人会看不起他。所以，在日语里用"人间"表示"人"的意思，无非也是强调，谁都不能脱离群体而存在。

但泡沫经济的崩溃，在某种程度上颠覆了日本人的这种性格特征，突如其来的经济崩溃像无法抑制的洪流，带走了日本人这种集体主义观念。

政府财政问题捉襟见肘，甚至走向了破产边缘，而一直倡导终身雇佣的很多大公司也消弭于无形，这就打破了日本特色集体主义观念的经济基础，"一切都改变了"是当时日本人的群体心态。

很多日本的社会学家都会引用一个故事来说明日本经济危机对既有群落的击溃作用。

在经济危机之后，有一个叫小板部落总会的机构，通过了一个废除"同行"的决议。这个决议敲响了日本数百年来村社会（群体社会）的丧钟。很多人当时投了赞成票，但他们根本没有意识到，自己这一票会改变日本的社会形态。

那么，"同行"是个什么组织呢？其实就是村子里，如果谁家死人了，老乡们就团结起来组织葬礼，比如有人帮着联系和尚来念经，有人找小时工来打扫屋子等等。因为几百年都这么干的，所以"同行"的运作非常成熟，有一套完整的流程和体系。最关键的是，"同行"不收费，完全是一种自发的村落协作形态。

比如说，1942年冬天，有个叫见浦的人，他父亲进山烧炭，为了准备一些工具去找铁匠，到了铁匠铺，铁匠的老婆说铁匠已经死了两天，妇道人家没了主意，也没有个可以商量的地方，正愁着不知如何是好。见浦的父亲二话没说回到村里，集合"同行"准备给铁匠办丧事。"同行"里有人反对，说这不是组织中的事，不应该管这样的闲事。见浦的父亲怒火中烧，说不需要没有怜悯心的人帮忙，就算只有他一个人也要帮铁匠办丧事。结果，"同行"全部出动，帮忙办完了这个丧事。

四百年前形成的小板部落之所以到现在还存在"同行"的习俗，是因为小板部落地处深山老林之中，生活非常艰苦，不靠互相帮助难以谋生。部落里的居民以"户"为单位出钱出力，形成了互助性质的"同行"，运作部落中红白喜事等各种需要大家帮助的事。这种习惯一直延续到现代。小板部落成立了由每户平摊出资的管财组织财团法人小板振兴会，具体运作"同行"事宜。

但是在日本经济高速增长时期，小板部落的年轻人大量外流，出生率下降，部落成员年龄结构日益老年化，以致部落成员不能维持一定水平的生活。小板振兴会支撑到20世纪之后终于出现了财政不足的问题，同时部落成员的老龄化也使每户出劳力成了问题。在既无资金也无劳力的情况下，"同行"变得如同形骸，小板部落不得不决议放弃"同行"的习俗。放弃"同行"之后，部落中葬礼将有自治会长直接联系葬礼公司，但部落将不再承担任何费用，也不用出劳力，各家的事将由各家自行处理。

这样，小板部落的村社会崩溃了。部落退休领袖见浦对此倍感痛心，于是记录下了这个过程。

不能不说，正是经济的起飞和陨落让日本的社会形态发生了深刻变革。

这个小故事多少说明了日本已经从集体主义至上的社会迈向了崇尚个体的社会。这说明，泡沫经济不仅仅摧残了日本的经济，还逼迫日本社会的价值观发生了变化：不能再靠政府、靠公司了，每个人都需要自己寻找出路，强大的福利保证已经告别我们的生活，从生到死，都需要自己一步步奋斗了。

这种价值观的变化，是从日本泡沫经济崩溃之后，政府开始推行新自由主义的政策开启的。

新自由主义是什么意思呢？用一句话概括就是：尊重市场的作用，政府不干预经济，让企业在市场上自由竞争。

这是二战之后的日本人无法想象的崭新世界。对于日本人来说，他们的生活轨迹非常清晰：考上名牌大学，进入政府部门或者一流企业，拼命工作，同时享受良好的福利，退休之后衣食无忧；而对于日本企业来说，政府颁布政策，银行提供资金，能让公司毫无后顾之忧地开发新技术，丰富新产品，赚取利润，再用这些利润为员工提供良好的待遇……政府、银行、企业和员工形成了一种稳固的互相依存的关系，这种关系让日本在20世纪七八十年代迅速崛起。

但经济危机彻底击溃了这种紧密的联系，也把这种依附于社会、企业而生存的价值观念彻底毁灭。日本政府在此之后，开始了新自由主义经济改革。

1993年，日本首相的咨询机构经济改革研究会发表了《平岩报告》，其宗旨"在经济规制方面基本上原则自由、例外规制，社会方面以自己责任为原则"成了日本经济和社会改革的基本纲领。

也就是说，个人不能再靠政府和企业了，自我的奋斗更加重要。

1996年桥本龙太郎接任首相后，推行了行政、财政结构、经济结构、金融体制、社会保障结构、教育等方面的六大改革，涉及了规制缓和以及财政重建，同时还推行了社会保障等多方面的极其壮大的新自由主义的改革。这些政策深刻影响了日本社会的变革，虽然对他的改革是否成功还没有定论，况且，这位首相也是因为无法在短期内改变日本经济颓废的格局而黯然下台的，但毫无疑问的是，桥本龙太郎努力让这个国家走向良性发展的轨道，以最大的限度激发每一个日本人为了自己的福祉而努力，从后来发达国家遭遇的危机来看，比如欧洲债务危机等，新自由主义经济能最大化地改变发达国家陷入僵化的可能性。

桥本龙太郎家世显赫，父亲做过部级官员。桥本龙太郎总是穿着得体的西装，头发梳得一丝不苟，苍蝇站在上边都能劈叉。他博闻强识，对日本历史上以及现在的政策能毫无差错地背诵出来。他还是一位剑道高手，在日本经济颓靡的时期，民众的确需要这样一位看起来果断、勇敢、锐意进取的首相登台。

　　但从当时情况来看，桥本龙太郎有两项重要的改革并不成功。比如，他打算改变银行混乱无序的情况，让国家的财政走上稳健之路，但遇到了自己党派的反对；1997年，他提高了营业税，制定这一政策是为了增加财政收入，缓解政府赤字，结果1997年正是日本经济危机外加亚洲金融危机的时候，日本企业本来就苟延残喘，再加上营业税的提升，更是生不如死。1998年，在一片反对声中，桥本龙太郎黯然退场，虽然后来他准备王者归来，但从未成功过。

第四章

云中之巅的森大楼

世界第一高楼

2008年8月28日，坐落在上海的环球金融中心正式开始运营。那一年，这座当时世界第一高楼的"操盘手"森稔已经74岁了，他自己已经不能登上环球金融中心高高在上的空中走廊了。当然，我有机会登上了这个巅峰，站在"观光天阁"里俯视浦东，三角形屋顶镶满玻璃镜面，折射出梦幻迷离的光彩。长廊地面铺有3条透明玻璃地板，可直接俯瞰脚底下陆家嘴金融贸易区川流不息的车流、芳草如茵的绿地及连绵的楼宇，工程人员说，在天气晴朗的时候，还能看到浦东机场。

但说实话，这座大厦一诞生，就遭遇了质疑和否定。在大厦开始设计之初顶端有一个月亮门一样的洞，设计者设想装上巨型的吊船，据说太阳升起的时候，阳光穿过洞孔，将成为一道瑰丽无比的景象。然而，因为众多网友认为那是日本国旗飘浮在上海上空的象征，最终改成了目前看到的梯形。

但设计师解释说，设计的最初意向是创造圆、方之间的对话，体现中国天圆地方的思想。方形棱镜交叉通过一系列星球瓶，曲直交汇带来几何感。方形做底和楼身，一路飙升至天际，看起来虽然棱角分明但是毫不影响美观。所以最初的月亮门设计完全是出于中国元素和中国古代园林建设理念的考虑，与所谓处心积虑的"日本设计"并没有关系。

无论怎样，森稔敢于创建世界第一高，说明他对冒险充满热望，这一点和他的父亲很像。

森稔出生于富豪之家，他父亲森泰吉郎原本是一个著名的经营史学者，早年在太仓高等商业学校、东京商科大学（现在的一桥大学）学习商业，毕业后在多所大学任教。1959年，森泰吉郎一边在横滨市立大学商学部担任部长，一边做起了写字楼出租生意，1959年，他干脆辞掉了工作，开始一心一意投入房地产事业，并创办了森株式会社。

在20世纪80年代末期，日本泡沫经济时期，森泰吉郎被美国福布斯杂志评选为世界上最富有的人，1991年和1992年其个人资产达到1.6兆日元。对于森泰吉郎通过何种手段获得了如此庞大的资产和土地，外界一直猜测不断。美国学者阿列克斯·科尔曾经含蓄地指出，日本的大型房地产开发商和官僚总是保持着密切关系，房地产开发商通过建筑大型基础设施和标志性建筑而敛财，政府人员也必然会从中获取暴利。

我们不知森家族的发家史，但可以肯定的是，日本企业家一直把森泰吉郎当做崇拜的对象，这不仅仅是因为他富可敌国的财富，还在于森家族的经营思想和对社会的尊重。森泰吉郎作为一个学者，最初把美国的项目承包制度引入日本，按照开发项目来组织团队集中建设，摆脱了日本过去那种纵向的领导。同时，森株式会社创造性地发明了与地权所有者共同开发的模式，日本因为是土地私有，获得地权所有者的支持至关重要。森泰吉郎生前在接受采访时说，他没有特别好的方法来获取土地，只是一家一户地游说，让他们出让土地，同时承诺给予优惠的补贴。

人们对房地产开发商的印象一向不好，但在日本，森泰吉郎是一个例外，比起他积累的巨额财富，人们更加乐于谈论他平和的性格、宽以待人的态度和他的良心。

绝对不买土地

在20世纪90年代初日本泡沫经济时期，森株式会社是唯一一个没有购入土地的公司，公司高层预测"东京的土地价格必然减少一半"。果然，10年之后，东京的土地平均价格由每平方米1000万日元跌落到了每平方米450万日元。

从目前的资料看来，森泰吉郎应该是一位严父，长子森敬是原庆应大学义塾大学理工部教授，次子森稔承接了父亲衣钵经营森株式会社，三子森章在父亲去世之后和二哥分道扬镳，独立经营森托莱斯特株式会社。三个儿子都成就斐然。

延续了父亲一贯建设理念的就是森稔。森泰吉郎晚年开始涉足东京城市再开发计划，承接多个社区建设项目，他说自己的理想是构建能容纳衣食住行和文化生活的综合社区，虽然这个构想被很多人诟病，但森稔在父亲去世之后仍然顶住压力完成了一个个具有标志性意义的社区建设。

和哥哥森稔相反，弟弟森章性格冷静、内敛，日本媒体称他为"谨慎的金融分析家"，因为理念不同，两兄弟在森泰吉郎去世之后，经过漫长的争论，最终各行其是、分道扬镳。更有媒体大肆宣扬两兄弟是相煎太急，森泰吉郎在天之灵也会痛哭云云。而森章解释说："我性格内向，不喜欢表达自己，不喜欢冒险，也不喜欢预测未来，我只做短期工程。"

森稔这样评价自己的弟弟："他创办了一个伟大的公司，获得了财富，而我希望自己创建美丽的城市。"

泡沫经济时期，正是森稔的理想浮出水面，日臻成熟的岁月。"像东京、北京、上海这样的大城市人们花费在交通上的时间成本和金钱成本很大，如果在一个社区里就能实现你所有的生活内容，就会提高生活、工作效率，当然也能减少汽车油耗，实现环保的目的。"

森稔和他父亲森泰吉郎就是用了一生的时间来创造这样的城市。实际上，森稔和他父亲是欧洲著名建筑大师勒·柯布西耶的忠实信徒，因为柯布西耶年轻时就用宏大叙事的笔调写道："一个新的时代开始了，它植根于一种新的精神，有明确目标的一种建设性和综合性的新精神。"他的设计充分发挥了框架结构的特点，由于墙体不再承重，可以设计大的横向长窗。一时间大的落地窗成为人们热爱的新建筑方式。

森稔是把柯布西耶的思想移植到日本的典范，他坚定地认为柯布西耶提倡的"垂直庭院都市"是解决日本杂乱无章的城市扩张的必然之路，密集的人口可以在通天的大厦和设施完备的地下城市里自由生活。KPF设计事务所当然也是这个理想的倡导者，威廉·佩特森说："垂直城市庭院都市适合任何庞大的城市中心区，楼可以建得高一点，再高一点，在密集的都市里创造一个空中花园国度。"

相同的建筑思想让森稔和威廉一拍即合，两家公司第一次合作就打造了东京著名的六本木新城，据说，当年森稔看到KPF的设计方案之后毫不犹豫地就将六本木新城的设计工作全权委托给了这家设计事务所，也是因为长期的默契合作，当环球金融中心一经立项之后，森稔就把设计工作交给了KPF来完成。

无论你是否认可超高层建筑和"垂直城市花园"的概念，但六本木新城的确让人惊艳。高耸入云的森塔从远处看就像一个巨大的武士甲胄，银色的玻璃墙面倒映着城市的街景和空中的白云。森塔门前有一个巨型的蜘蛛雕塑，象征不拘一格的理想。在人行道的旁边是一面巨大的玻璃围墙，水流倾斜而下，用潺潺的流水声阻隔了汽车的轰鸣之音。

这里有电视台、购物街和最接近天空的美术馆，还有知名设计师的工作室。这个瑰丽的城中之城，从森泰吉郎到森稔历经17年方才建成。

20世纪80年代末期，东京六本木地区还是一片低矮的建筑，凌乱嘈杂，从那些发黄的照片里我们可以窥见当时城市的落寞。在森株式会社买下这块地段之后开始和当地居民展开了漫长的博弈，对于"钉子户"森泰吉郎和森稔都极端耐心，一次次地登门拜访，一次次地提高补偿，据森稔自己说，有些房子的居民除了拿到出卖土地的收入外，还可以无偿住在六本木新城当中。

父亲希望"能改变东京的生活"，儿子的梦想则是创造一个有商业、有文化气息的社区。这个耗资2700亿日元的项目完全是一种非政府行为，纯粹是森家族自己的理想。

"我年轻的时候觉得东京是一个没有秩序的城市，缺乏美感，没有优雅的生活方式，和国外的大城市相比没有乐趣。虽然20世纪60年代为了召开奥运会，东京也曾进行再开发，但效果并不明显，建筑物显得过于单调乏味，如果置之不理必然会在国际经济竞争和文化竞争中落败。所以我深刻地感觉到，我必须为东京在商业、文化方面增添新的色彩。"

在森稔的嘴边经常出现"文化"、"艺术"这两个词汇。而森稔也把森塔中视野最好的地方留给了森美术馆。

热爱文化、热爱艺术也是森稔的基因。森稔大学原本读的是教育学，成为伟大的小说家是他青年时代的梦想。随着父亲创办了森不动产公司，森稔突然对经营房地产产生了浓厚兴趣。当时二战刚刚结束，百废待兴，人们迫切需要城市重建，而很多房屋都被战火焚毁，收购土地也就不是那么困难的事情。

但森稔是眼光长远的。"当时我发现虎之门一带不仅仅缺少出租用住宅，更缺少漂亮的办公楼。于是我开始和父亲一起呼吁我们已经收购的土地周围的邻居们，一起为建设和谐、美丽的城市而努力。这样我们就成功地开发了第一森大厦到第三森大厦项目。"

但森稔坦言，这时候自己并没有想成为开发商大亨，他投入房地产只是为了创造小说积累素材，了解生活。

"直到大学毕业之后，很多同学到大公司去工作，我感到一丝难以言喻的寂寞，而父亲又劝我和他一起创建一个具有现代组织结构的公司，于是就和父亲一起创办了森株式会社。另外一方面我也在想，与其用笔来描绘虚拟的生活，何不用自己的努力去创造真正伟大的城市呢？"

和父亲并肩作战之后，森稔到欧美考察，记忆最深刻的是当时旧金山的城市再开发运动。此时的日本还没有开发活动，虽然有小块地段的整理修缮，但没有解决东京人多地少交通堵塞的根本性问题。"于是我们开始慢慢等待机会，并且不断向政府提案希望能进行东京城市的再开发，获得政府支持之后就开始购买大块土地，修建自己的城市。"

森稔坦言，在六本木新城的建设过程中，唾骂、指责、讥讽不绝于耳，但经过了17年的艰苦努力后，六本木新城还是成为让世界夸赞的新型社区。

他们的起点就是从泡沫经济开始的，森稔父子保持着理性的头脑，以此对抗经济的颓萎。

　　森家族历史悠久，独树一帜。在战后，他们赶上了日本重建的浪潮，吸收了西方的建筑理念，同时又能根植于日本本土情况来思考城市的未来。你很难想象，在日本这个狭窄的国度，能诞生一些伟大的房地产公司。它们在既有的土地上让想象力飞奔。它们当然也尊重商业利益，但致力于解决城市的困局，让人们生活得更好。王石说，对他影响最大的企业就是森株式会社。因为"它们（森株式会社的建筑设计）让城市向天空延展，这符合中国大城市拥挤的现状。"

第五章

无印良品的虚无主义

简单的就是美好的

　　泡沫经济对日本另一个巨大的打击是个人消费的持续低迷。在此之前，日本人一掷千金，在世界各地投资、投机，他们坚信手中的财富是源源不断的金矿，他们也坚信钱生钱是这个时代永恒的真理。在日本最为光辉闪耀的20世纪60—70年代，日本消费率一直维持在50%～60%。这个数字高于欧洲福利国家，在亚洲更是没有其他国家能够企及。这主要是因为，日本一直坚持藏富于民的政策，比如收入倍增计划有效地提升了民众的收入，同时也刺激了消费；大公司扶植小企业共同进步，避免出现严重的贫富分化。实际上，在日本，小企业的利润率高于大公司，这在世界上都极为独特。另外，再加上完善的社会保障体系，让90%的日本人都成了中产阶级。

　　泡沫破碎之后，日本人的消费支出立刻收紧。政府的财政紧缩、收入的下滑、对未来的担忧让日本人改变了大笔消费的习惯。日本民众原本就没有从银行贷款购物的习惯，通货紧缩环境更加剧了这一现象，年轻人宁愿依赖父母的储蓄消费也不愿负债，日本居民部门的杠杆率水平远低于美国，这也使日本消费率持续上行乏力。

消费收紧，推动了日本人消费习惯的变化，他们虽然对奢侈品牌依然充满迷恋，但日益萎缩的收入让他们开始寻找那些物美价廉的品牌。于是，无印良品诞生了。

这个诞生的过程耐人寻味，如果企业单纯地相信，个人消费品受到冲击走进低迷，需要转向其他行业，而放弃了实现内部突围，寻找用户新的需求点，那么无印良品也就不会存在了。

1980年，西友百货公司推出了自己的子品牌——无印良品。创业之初，无印良品的日用百货产品有9种，食品有31种，总计40种产品。在西友百货的14家店铺中，有6家店铺设置了无印良品专柜。那时，无印良品还很弱小。

但它赶上了一个好时机，有一个好的、完美无缺的开始。这个开始，就是世界性的个人消费持续低迷。两年前，随着第二次石油危机的爆发，全世界经济增长迅速减缓，日本的高度增长也戛然而止。物价高企和产能过剩像诅咒一样困扰着日本。

消费者不再热爱那些华而不实的产品，他们渴望获得廉价而美好的产品。作为零售商，西友百货也在力图开辟新的疆界。他们发现，消费者不再热爱奢侈品，"顾客就是上帝"这个理念已经落后于时代，因为顾客的消费观念发生了变化。所以，商业世界要学会迎合这种新的趣味的变化，并且提供比这个趣味更高一个层次的产品。

针对这种变化，西友百货才把它的产品命名为"无印良品"，这个品牌的核心价值就是：便宜又好用的产品是可以存在的。这是一个矛盾体，但无印良品的确实现了。从自我的角度来说，我对无印良品充满敬意，它迷人的设计理念、耐人寻味的质量标准，都足以让我膜拜。

我花费了大概两年的时间思考、探寻、书写无印良品背后的哲学，它让我一次次惊叹，日本虚无主义的哲学居然能和美轮美奂的产品设计相得益彰。

无印良品始终微笑地看着社会消费趋势的不停变化——外来的、内在的种种更迭，看着一波又一波流行趋势的登场和落幕，而自己则坚守着绚烂至极终将归于平淡的处世哲学，等着并且推动着人的内心回到最简洁的白色，它努力构建一种需求，那就是用基于生活本身的方式来捕获人们的内心。

东京的主要交通工具是电车。从JR线有乐町站出来，向东京站方向走上几分钟，映入眼帘的是一个胭脂红的背景上摆着四个白色的大字——"无印良品"。这两种颜色，旁若无人般冷静地铺陈在那里，这个标识一定会让你觉得卓尔不群。如果你走过东京的灯火阑珊处，偶尔被街边两侧灰色的、不乏棱角而又不那么鲜明的平民建筑所吸引，你会发觉，无印良品这个简单奇特的标识暗示着某种颜色，诸如灰色、白色、黑色等等单一色调的蔓延过渡。

这是这个城市里无处不在的灰色、白色和黑色的一次展现，无论是街头人们的衣着，还是不见阳光的天空，都显出一层一层的渐变和内里的褶皱，而城市街道所显现的单一的渐变，有某种东方哲学对层次感的要求，绚烂之后，归于平淡，而这种哲学就从街头建筑、城市温度一直延伸到"无印良品"。

白色，让奔放的胭脂红放缓速度，变成一种温和的坚持和稳定。走进店铺，乘上电梯到二楼，是女装区。天井很高，灰色的、白色的、黑色的各种管道暴露在天花板下，在目力所及的范围内，除了颜色单一的商品外，你看不到其他色彩的任何装饰品。流淌在店内的背景音乐是无国界风格的BGM（Back Ground Music，背景音乐）。这里就是"无印良品世界"。

这个世界丰富却不芜杂。从女装区往纵深里穿行，是男装和童装，逆时针行进，可以看到眼镜柜台和白色包装的食品鳞次栉比。卖场中央是服饰杂货和健康用品。平日的午后，店内客人就开始摩肩接踵。30岁左右的女性是这里的常客，她们认真地挑选，小心地尝试。

如果你走上三层杂货区，在安静中能体会到一丝朝气，因为这里是大学生的天堂。他们大都是居住在学校周围宿舍里的学生，为了让一个人的生活更加丰富多彩而耐心地挑选。这些供人选购的商品井然有序地排列，在楼梯旁边的角落里摆放的是冰箱、洗衣机这样的"白色家电"。放眼望去，全是纯白色。乘坐电梯回到二层，右手边是一座玻璃的房间，门口写着"Meal MUJI"，餐厅里大概有100个座位，座无虚席。这里的客人不仅有衣着光鲜的时尚人士，更是男女老少的汇集地，他们光顾无印良品已经成为一种习惯，他们的生活方式和态度已经被深深地固定住。

其实，你很难想象，在如此繁忙紧张的生活环境里，会有这样的商品——色调单一，设计简洁。它们基于东方的传统，有某种程度的保守。层层的传统和生活，用一种返璞归真来解构，才来得持续有力。这样一个没有品牌的品牌是怎样打破了商业规范变得生命悠长，气定神闲地赢得变化莫测的市场青睐的？

叩问商品的实质

无印良品诞生于1980年，那一年，乔布斯的苹果公司刚刚上市，正在努力开拓海外市场，它比名噪一时的iPod问世早了21年。苹果的设计师坦言，是无印良品简洁的设计风格影响了苹果革命性的创造力。如果你把iPod放到无印良品的商品群落里，一点都不会觉得有冲突。

1978年年底，在第二次石油危机的冲击下，日本经济陷入低迷，物价飞涨和产品过剩困扰着消费者。人们将目光投向价值与价格都合理的商品，讴歌大量消费的人们也开始关心"商品的实质"。

众多大型零售商开始创立子品牌，期待用物美价廉的商品来赢得这场没有硝烟的战争。

比起它们来，无印良品的诞生晚了两三年，直到1980年，西友百货才推出了无印良品，并在卖场内开设专门销售无印良品的柜台，同时开设门店来扩大影响力。

无印良品这个名称由作家日暮真三提出，而作为创始人之一的田中一光定义了这一概念——从日常生活的审美意识中提炼而成的商品。无印良品期待以最本质的形态来呈现商品，包装简洁得看不到任何雕饰的痕迹，用环保的、无漂白的包装纸做商品袋，呈现一种淡褐色，形成美学意识独具风格的商品群落，与一些商品的过分包装形成鲜明对比。

在这种极简主义风格的背后，是一次次智慧与思想的洗礼。而无印良品并没有忽视商品本身的实用性。比如畅销一时的"碎香菇"，摒弃了传统销售整个香菇的模式，而是出售切碎的香菇，省却了消费者的麻烦，实现了实用性的创造性突破。而另一位创始人小池一子提出的广告语"有品质而且便宜"完美地诠释了无印良品的追求。

无印良品在竞争中胜出是它反其道而行的必然结果。此时的日本连锁店为了追求与众不同的商品，在各个环节都存在显著的浪费，而这种浪费毫无疑问会转嫁到消费者身上。无印良品则选择环保、价格低廉的材质，省略过度包装等手段来降低成本，同类商品价格要比别的连锁店便宜30%。

1983年6月，无印良品的经营迈出了一大步。第一家独立店铺——无印良品青山店开张。人们蜂拥而至，营业额是计划的10倍。很快，无印良品在涩谷开设了"无印良品美国村"。青山和涩谷是年轻人汇集的地方，无印良品的闯入立刻招引了众多媒体的关注，一时间，无印良品宣扬的概念和生活方式成为社会的热门话题。与此同时，西友百货店涩谷店和阪神店梅田店内也增设了无印良品的门店。

从第二年开始，以青山店为模版，无印良品开设了多家100平方米～130平方米的店铺，商品种类也增加到了1000种。这一年，无印良品事业部营业额达140亿日元，更重要的是，无印良品倡导的简洁生活方式影响了越来越多的人。

禅意

1989年的夏天，隶属于西友百货的无印良品事业部走到了一个十字路口。当时担任无印良品事业部部长的木内政雄的情绪越来越焦虑。他发现这个品牌虽然创造了巨大的商业价值和崭新的美学意义，但它背后的管理却陷入了无端的混乱和无序当中——缺乏独立性，成本核算非常复杂，管理不透明等。一向开朗和善的木内开始向母公司展开一次次的游说，他希望无印良品能够成为一家独立的公司，让它能在西友巨大的阴影之外自由呼吸。

在木内政雄的推动下，1989年6月，无印良品终于成为一家独立公司，定名为良品计划株式会社，木内则成为法人代表，全权管理公司事务。

从1988年后半年开始，日本陷入二战之后前所未有的经济寒冬。泡沫经济崩溃让众多零售企业陷入经营的灰色时期。然而，独立之后的无印良品却创造了属于自己的利润神话。泡沫的破碎让更多的日本人从追求奢华的商品中走出来，无印良品追求物品实质，没有设计的设计切合了人们此时的追求。痴迷于无印良品简洁风格的人陷入了一种狂热的状态。这种狂热促进了无印良品经营规模的持续增长。从1990年到1999年的10年间，销售额从245亿日元飞涨到1066亿日元，增长了4倍多。经营利润从125亿日元增长到1330.6亿元，增长了将近10倍。

优秀的业绩使得无印良品成为日本零售业中的典范，后来人们将这段时期无印良品取得的优秀战绩称为"无印神话"。

无印良品的理想是创造一种崭新的生活方式，用10多年之后的概念来渲染的话，也许可以叫做"乐活"——设计简洁，创意环保。而这种生活方式的倡导延续到了日本人生活的方方面面。

到1993年，无印良品的商品增加到2376种，衣食住行无所不包。10年之后，当我们有机会跨入无印良品在东京的店铺时，它所包含的商品已经达7000多种，从家具、电器、服装到食品、杂货，无所不包。它们不是类似于大型超市中那些凌乱得让人紧张感丛生的产品，这些商品群具有类似的外形，相同的设计理念，这在全世界也是独树一帜的模式。无印良品设计的商品已经渗透到了生活的方方面面。它就是运用这样一种难以撼动的方式推广着它所倡导的生活方式。

无印良品为了影响更多人，开始了大规模的开店运动。1993年秋天，1190平方米的专营店落户千叶县船桥市。无印良品店铺一般会选择商业时尚区域，店铺面积也在不断扩大。1994年，无印良品店面的平均面积是252.9平方米，之后每年增加，2001年接近995.9平方米，差不多扩大到了近4倍。到了1998年，无印良品又进入一个新的起点，那一年，公司成功地在日本东京证券交易所二部上市，充裕的流动资金驱动着公司不断对外扩张。

木内不是一个保守的日本人，他期待着将无印良品所倡导的生活方式传播到更遥远的地方。1991年7月，在英国伦敦市中心，一家与众不同的店铺吸引了英国人的注意。它有一个很奇特的名字"MUJI WEST SOHO"。这是无印良品在欧洲的第一家专卖店。2002年，无印良品在欧洲已拥有21家门店。欧洲人对无印良品的喜爱起初让木内社长匪夷所思。鲜明的文化差异和设计思想能让无印良品获得欧洲市场吗？他没有想到无印良品的设计风格成为一阵东洋风，轻柔地吹进了欧洲人的内心和生活。欧洲人坦言，在无印良品的商品里看到了日本至纯至美的一面，看到了禅意。

在我们探讨品牌内核的同时，应该看到无印良品在管理层面的巨大创新，因为一个看似成熟的品牌背后都是通过严苛、有效和有创意的管理来实现的。松井忠三在2001年担任无印良品的社长之后，开始了一次深刻的变革之旅。在此之前，无印良品发展迅速，但到了21世纪的曙光到来的时候，无印良品的发展之路却显得迟缓、沉重。

1999年，无印良品实现了销售额1066亿日元，经营利润133亿日元的业绩，这一辉煌的业绩一时被业界称为是"无印成长神话"。但是从2001年起，"良品计划"的经营业绩急转直下，1999年年末17350日元的股价，到2000年年末只剩2750日元，缩水率达75%。松井忠三在这个时候担任社长，他凭借数十年积累的零售业的经验，开始了一场管理的革命。

他先是深入第一线，从无印良品的店铺中获取第一手信息。松井忠三的助理统计，在松井忠三上任的一年里，他走访了100多家门店，白天他听取销售员的意见，晚上和店长、员工喝酒，深入交谈。松井忠三发现无印良品的门店员工依然满怀激情，对工作依然极为认真，对待无印良品这个品牌依然有信心；同时，他也发现，这家公司的管理极为混乱，门店商品的摆设毫无章法，冬天的衣服在夏天照样摆放；一些已经被证明销路很差的产品还没有从货架上下架……

松井忠三决定改变这种状况。他在一个阳光明媚的早上，率领团队，把无印良品积压的相当于30多亿日元的货品堆在一个空旷的地上，付之一炬。

但这还不够，积压的库存能一把火烧光，但导致库存的体系必须被重塑。我们简单梳理一下松井忠三的改革策略，说实话，在我调研过这家公司之后，最大的体会就是，无印良品在标准化管理模块中将细节做到了极致。

无印良品公司内部有一本员工手册，也叫业务规范书，它厚达2000多页，这本手册几乎可以称之为零售业的百科全书，它涵盖无印良品的方方面面，从店铺经营、商品开发、卖场展示到服务规范，无一不涵盖。它对无印良品的任何一个细节进行了重新诠释和严格规定。我们试举一个案例，比如门店的收银台。

这本来不是个特别引人注意的地方，但是在员工手册里是这样描述收银台的：

定义：收银台服务就是接受客人采购商品的货款，并将商品交给客人的服务。

重要：收银台服务是占据店铺业务20%比重的非常重要的工作。

何人负责：全体店铺员工。

客流量大的店铺每天会有1000位顾客和这里发生关系。

这里是有最多机会让客人感到"把东西买下来太好了"，"这真是好店铺"的地方。

无印良品这样的规范，一方面让员工意识到收银台的重要性，提升责任感，另外，也是更重要的，是能让收银台的员工产生某种荣誉感——他们不仅仅是收钱的员工，而是顾客和品牌产生美好关系的最重要的枢纽。

再比如，无印良品对商品的名称也进行了严格、独特的规定。它要求商品名称一定要简洁明了，"让消费者一眼就能明白"，坚决杜绝出现专业词汇。同时，要让商品名称最大限度地体现商品的特征。对于窗帘的命名，无印良品是这样规定的：不能用"涤棉遮光"这个词，要用准确的词"涤棉"，名称要细化为"遮光窗帘"，不能叫"窗帘"这么简单。这还只是一个简单案例，实际上对于产品名称的命名规范，在这本手册里就有2000字左右的条目。

松井忠三还努力提升员工的工作效率。一方面，他规定晚上六点半之后不许加班，为的是让员工在八小时之内完成工作。同时，他亲手绘制了一个员工沟通表，每位员工每天见了什么样的客户要按时登记客户信息，便于分享，每个项目的推进情况也要随时更新，利于相关部门掌握情况，等等。

还比如，这本手册对哪些衣服应该用哪种衣架都有明确的规定。松井忠三回忆说："很多人问我，这么简单的事情也需要写下来吗？但我认为，只有写下来，规范好，才能实现标准化，这样，才能让无印良品的每一家店铺都有相同的品牌形象。"

对于零售行业来说，开店选址极其重要，几乎决定着零售公司的生死。无印良品在开店之前要进行三项评估：市场评估、商业设施评估和店铺评估。

市场评估包括：地区面积、零售营业额预计、20～40岁人口的比例、白天晚上出没的人口比例、人口密度和收入情况。商业设施评估包含：到车站的距离、人流量、车位、店铺面积等。店铺的评估主要是考虑是否能搭建客户接待室、无印良品会员在这个地区的覆盖程度等。

无印良品会按照这个评估标准给准备开店的地区评级，最高级是S级，然后是从A到D。C级以上的区域就需要再次论证是否值得投资。

松井忠三刚刚接手公司的时候，正是无印良品巨额亏损的时候，他认为，要想改变这种情况，就要大力创新，摒弃无印良品的官僚作风。"当时公司内部弥漫着经验主义作风"。于是，利用这一本厚重的册子，他让经验成为一种机制，不依赖于一个人或者一群人来影响公司的走向。

结果到2002年，无印良品就扭亏为盈。

第六章

优衣库，做老少皆宜的服装

四处游荡的买手

柳井正是优衣库的缔造者，也是一种生活方式的倡导者，和GAP这些做基本款的品牌比起来，优衣库更强调技术的力量。"我们学习的对象是苹果公司。"柳井正如此阐释优衣库的理想。

柳井正生于1949年，年轻的时候继承家业，经营西装店。他是一个勇敢的改革家，对于他的家族企业来说，西装就是安身立命的根本，是薪火相传的事业，不可丢弃。但经营西装无法让柳井正获得满足感。西装价格高毛利润也大，但周转时期很长，谁也不会天天换西装，很多上班族可能一年只会添置一件西装。所以，深谙零售业之道的柳井正以为，只有卖休闲装，才能让整个公司飞速运转起来，而日进斗金的现金流能撩拨他在商业方面的兴奋点，让他沉迷其中。

为了摆脱过往，开辟新事业，柳井正做好了充足的准备。他开始翻阅时装杂志，大量阅读饰品杂志；他深度游历欧美各国，在一个个小服装店里流连忘返；他一次次厚着脸皮考察那些席卷世界的服装零售企业，比如ESPRIT、

GAP、NEXT，也不断采购世界各地的服装进行研究……

这时候的柳井正是一个买手，他在世界各地扫货，无论是纽约的"动物园"，巴黎的"动物园"，还是上海的"动物园"，都有他拎着一个黑色塑料袋讨价还价的身影。

这些产品很快就出现在柳井正新开的店里。在短短的几年里，他开设了十家店铺，销售从海外扫来的衣服。结果是，公司整体并不赚钱。

柳井正自己回忆这段岁月的时候说："在世界各地充当买手、扫货，说到底还是依据个人兴趣来的，我忘记了公司经营的真谛是赚取利润，以消费者为导向的真谛。"

在这个过程中，柳井正也在思考，到底应该以什么样的产品和方式来获得消费者的认可。直到有一天，柳井正去美国参观大学生活协会的时候，茅塞顿开。

这个协会非常奇特，消费品琳琅满目，应有尽有，涵盖生活的方方面面，从电脑到内裤，不一而足。最让人唏嘘的是这个机构的服务模式，就是没有服务。消费者可以自由选择中意的产品，服务员只会远远地观察你，而不会影响你的购物体验。

很多人都会有这样的感觉，服务太好不如没有服务，有时候，你真心地希望服务员能离自己远点，别影响你挑选产品。

柳井正深受触动，他决定，让自己的公司继承这种模式——跟热情服务比起来，自由购物可能是更好的体验。

另一方面，柳井正发现，虽然日本出现了类似于GAP这种物美价廉的品牌，但还是无法满足学生们对低价的需求。于是，他想，不如把自助式购物和物美价廉结合起来，塑造一种全新的购物模式。

于是，UNICLO诞生了。

1984年6月，UNICLO第一家店在广岛一个叫袋町的小巷子里诞生。柳井正解释说，之所以选择这个鸟不拉屎的地方，第一，是租金便宜，第二，他觉着既然是面向普通消费者的品牌，那就应该挑选一个相对市井的地方。

当时，柳井正对这家店铺提出的口号是：像买一本杂志一样买休闲服。没想到的是，这个坐落在深巷中的小服装店销售情况异常火爆，顾客纷至沓来，寻找既便宜又好看的服装。在开店的第二天，门槛都被踩烂了，UNICLO不得不限制进店的人数，大家想想，现在只有COACH和LV才有限制顾客人数的政策。

但是请大家注意，那时品牌名称还不是优衣库（UNIQLO），之所以后来变成了这个名字，是因为，在第一家店开办四年后，公司决定和香港人合资成立一个采购公司，而那个办理公司注册手续的公务员把UNICLO里面的C写成了Q，于是，柳井正将错就错，把公司命名为UNIQLO，于是，优衣库就诞生了。

柳井正是一个细节控，在这一点上，恐怕只有乔布斯能和他媲美。他希望优衣库能给消费者创造一个宽松自由的购物环境，于是，他要求服务员笑容可掬，但不能影响消费者自由选择产品的习惯；在店面设计上，柳井正要求每一家店铺的通道必须笔直宽敞，不能为了摆货架让消费者有拥挤的感觉。还有店铺的天顶不能给消费者压抑的感觉，宁可露出水泥框架也要保持规定的高度，让消费者有种通透的感觉……

柳井正要求每一个服务员都要穿上围裙来工作，这样能让消费者迅速区分出工作人员和一般顾客。"这就是站在顾客的角度来想问题。"柳井正这句话翻译成互联网语境就是：重视用户体验！

接着，优衣库在日本不断地开店。在接下来的一年里，柳井正用实践发现了一个道理：日本人，不，全世界人都热爱时尚，这符合人性。但人们对于能满足自己一般需求，并且时尚色彩不浓烈的服装也充满兴趣。换句话说，比起那些色彩艳丽、设计独特的产品，简单美好，经拉又经踹，经蹬又经拽的产品同样有广泛的市场。另一方面，柳井正力图让老人、年轻人和小孩的服装在款式上保持一致，设计上没有差别——都简单明了，设计一样，区别就是大小。这样，去一次优衣库可以给全家人买衣服。

还有一点，柳井正认为，休闲服装如果设计得中性，老少皆宜的话，搭配其他服饰就会非常容易，换句话说，你就是穿着优衣库的衬衫配上阿玛尼的西裤也不会觉得奇怪，为什么？因为优衣库的设计简单明了、老少咸宜。

与此同时，柳井正在公司内部强化了质量管理体系，让产品不仅价廉还能物美。

当经济危机来临的时候，当泡沫经济崩溃之际，人们放弃了奢华的享受，开始回归理性消费的时候，优衣库必然成为消费者追捧的品牌。

但规模增长的速度和资金永远是一对矛盾，作为零售企业，优衣库也面临这样的问题：一方面，价格低廉迎来了不断扩大的销售额，而采购人员必须以最快的速度判断哪些商品能迅速卖出去，不至于积压库存，但这种判断往往面临着失误的风险。

柳井正以为，解决这个问题的关键就是，塑造自己的产品，不为市场所左右。

柳井正也在寻找新的出路。有趣的是，在优衣库刚刚成立的前几年，柳井正的偶像是中国知名品牌佐丹奴。那时候佐丹奴非常火爆。这家公司起初也是给美国服装品牌做代工的，之后才开发了自己的独立品牌。

柳井正以佐丹奴为偶像，开始了优衣库发展的第二阶段。这就是建立自己的广告、销售和店铺设计团队。这个团队虽然不是隶属于优衣库，但都为优衣库提供解决方案。同时，柳井正开始引入加盟的方式，他启发加盟商的口号是：人口10万的城市，店铺面积在165平方米～264平方米，就能实现年销售额2亿日元的目标。1986年10月，优衣库第一个加盟店在日本开设，第二年，优衣库的另一家直营店也风风火火地开设了。到这个时候，优衣库的店铺共有7家，一年销售额达到了22亿日元，税前利润为6500万日元，在那个经济开始滑向低迷的年代，这个成绩相当不错。在接下来的一年里，优衣库的店铺又增加了7家。

上市的阵痛

柳井正这时候心绪有些复杂。他常常站在店铺门口，看着人群往来，一件件衣服被买走，一套套新的服装又不断输入进去……脑海里浮现出的画面是24岁时候的自己接手家族生意，多年反复耕耘，坚守创新，才让生意得以不断扩大，而扩大的背后是不断采购原材料、设计新款、发单生产、新店开业……他能预见到自己的店面和品牌很快能覆盖日本，但之后呢？他希望有更加广阔的新世界。

优衣库决定上市，把它的衣服卖向世界。

但同时，柳井正意识到，公司上市的前提是要进行必要的改革，因为随着店铺不断增加，规模像疾驰的列车一样飞速前行，体制内部积压的矛盾和问题就会显现出来。作为一家上市公司，必须能做到，即使柳井正突然消失了，优衣库依然能正常运行，像一颗恒星一样永远散发光芒。

我们简单罗列一下柳井正的改革之旅：

重新规范了公司各个部门职能，裁撤多余机构，员工都要明晰自己的任务和责任。

确定了优衣库店铺的规模和标准，包括店铺的面积、销售额、员工数量、库存等等。有了对每一家店面的规划，就可以对未来增加店铺的速度做一个更加精准的规划。

在管理层面，柳井正下令设立一个监督机构，参照丰田的质量管理模式来规范改革的每一个环节，从采购、销售、库存到店铺运营，这个机构一旦发现问题，立即处理、整肃。

更加重要的一项改革是，优衣库改革了POS支付体系，以前那套系统不过是收钱、出货而已。新的系统不仅能收钱，还能涵盖商品信息、售后信息，这样就能有效观察消费者对产品的态度。纵横零售业多年的巨鳄沃尔玛就凭借着这套体系迅速了解消费者的喜好，不断提升顾客体验。更具意义的是，这套体系能及时反馈每一家门店的销售业绩，同时能及时补货或者撤掉不受青睐的产品，减少库存。

"这场改革就是一场风暴，每个员工都被洗刷了一遍。当时公司能够进行这么大规模的变革，正因为我自己是个经营外行，脑海里没有那么多框架和束缚，勇往直前。"

柳井正一直以为，自己早年的成功是基于直觉判断加上年轻气盛，而到了公司上市之前，他才认为自己成为一个真正的企业家了，因为，他意识到，这样一个稳固的体制，即使是他归隐山林，公司也能吐故纳新，良好生存下去。

1991年9月的一天，东京的天气还有些炎热，能带来凉意的秋雨尚未来临，柳井正决定抓住夏日最后的热情，燃起员工的理想。

　　他在狭小的优衣库办公室里宣布：公司名称正式从"小郡商事"更名为"迅销"，同时，柳井正告诉大家，为了公司尽快上市，必须扩大开店规模和速度，之后3年里要开设100家店铺。

　　一年开设30家店铺，这对优衣库的员工来说，就是天方夜谭。在柳井正宣布这个决定的时候，优衣库的连锁店也才不过30家，且是经过了多年经营才实现的。员工们都以为老板疯了。

　　为何柳井正决定要不惜一切代价开店、上市、筹措资金呢？因为当时日本的收税制度非常苛刻，几乎让优衣库的发展陷入停滞状态。翻阅当年的日本税法大概就知道柳井正的苦闷了。

　　按照税法规定，如果一家公司连续两年的利润超过10亿日元，利润中的6成要用来负担各种税金，更要命的是，前一年税金的一半必须在当年的中期缴纳。而对于零售业来说，现金就是天，利润再庞大，手里没钱，心里也慌乱。

　　所以，柳井正决定孤注一掷，让公司上市，募集社会资金，从而继续扩大规模，征服世界。柳井正在《九败一胜》一书中详细描述了自己当时的蜕变："与经营者相比，我还只是一个生意人，所以，我必须一边准备企业上市，一边抓紧把自己打造成一个经营者。"

　　在他看来，生意人跟路边烤串儿的没什么区别，无非是钱物交换，做大了就是大规模的简单交换而已。而经营者必须有远大的理想，看得见喜马拉雅山背后的样子，能洞悉海底深处的色彩，能透过时间看到未来的自己。

　　当然这一切并非能通过占卜完成，经营者必须"能够制定严密的经营计划，带领企业迅速成长，扩大企业效益"。

　　在飞速发展的背后，是优衣库不断完善的制造和管理体系。柳井正希望在公司上市之前，能把优衣库变成一个高速运转，同时能不断更新的机器，他就是一个机器操控者，按下电钮，一切都能连动起来。

优衣库的生产模式对现在的企业来说，都有着难能可贵的参考价值。在这个巨大的产业链条上，优衣库负责产品设计，然后发送设计方案给长期合作的工厂，制作出来的衣服由优衣库全部买断，发送到店铺，然后再把店铺的销售情况反馈给公司，由此来制定下一步商品企划和设计的方案。在每一个环节中，监督委员会都会发挥自己的才智，尽量减少那些不受欢迎产品的浪费，也能及时停止生产。

接下来，柳井正就开始制定公司长远的发展计划。柳井正有一个写得密密麻麻的笔记本，里面记述着公司的远景目标和要实现目标的途径。很多人都是知道，日本人是手账控，即使在移动互联网时代，日本人也无法摆脱手写笔记的习惯。柳井正就是这样，到现在，他还保持着手写的习惯。

这个笔记本里面当时明确写着，要在3年内，让优衣库的店铺达到100家，销售额突破300亿日元。"目标不能定得太低，得有远大理想，只要你有一个周密的计划，即使听起来有些夸张的目标也能实现。"

3年100家店

当然，这个过程绝对不是一帆风顺的。柳井正在实现3年目标过程中，遇到最大的困难就是资金问题。为了扩大规模，优衣库需要跟银行融资，但20世纪90年代初期，泡沫经济袭来，银行业在收紧贷款额度。当柳井正要求长期合作的银行支持他的宏伟目标的时候，这家银行却告诉他：泡沫破碎了，优衣库最好能稳健发展，准备冬眠。如果你实在需要贷款，就去别的银行问问吧。

柳井正很实诚，他立刻去别的银行寻找帮助，通过抵押贷款的方式，有两家银行愿意给他提供融资。这样一来，之前那家银行不愿意了，居然联合了优衣库的董事要求柳井正停止融资。

需要补充一句日本企业的融资环境。在中国或者美国，银行和被贷款的公司是对等关系，互相之间不干涉业务。但日本比较奇特，银行希望能跟企业共同成长，甚至把接受贷款的企业当做自己的关联公司来看待。

所以，当柳井正提出换银行的时候，老主顾自然不满意，甚至怒火中烧。但柳井正想得很简单，他认为，银行提供贷款，我付你利息，完全是对等关系，大不了我收回抵押物，不再贷款就是了。

这样一来，老主顾银行更加崩溃了，毕竟优衣库也是一家优质企业，在整个经济形势都惨淡不堪的时候，还能快速发展，值得投入。

于是，经过柳井正漫长的博弈和抗争，最后，有三家银行为其提供抵押贷款，保证资金充裕，迎接上市。

1992年4月，柳井正关闭了最后一家西装店，至此，优衣库彻底蜕变为一家经营休闲服饰的品牌。员工们内心有些惆怅，在他们心里，这家店是优衣库创业的根基，虽然是一个不大的铺面，却代表着优衣库的精神。但柳井正说，我们得忘记过去，才能开始更精彩的人生。

第二年，优衣库直营店达到83家，加盟店7家，销售额250亿日元。

第三年，公司在宇部市购买了新的大楼，改变了过去狭窄、逼仄的空间，而且员工散布在宇部市各地。"这样可以随时看到大家，节省了沟通成本。"

到这一年的4月，优衣库已经突破了百家店铺的目标，提前完成了计划。

7月14日，这一天是法国大革命纪念日，优衣库也开始了自己的革新：公司正式在广岛证券交易所上市，每股定价为7200日元，这在当时泡沫崩溃的日本已经是天价了。用柳井正的话说，公司上市第二天，就有100多亿日元现金进入了公司账户，这让他兴奋不已，激动得像个收到大笔零花钱的孩子。

优衣库上市之后，股价一路飙升，几度涨停，第二天，股价就翻了一倍还多。不到两年后，优衣库又成功在东京证券交易所上市。

其实在关于优衣库和柳井正的资料中，容易忽略一点，优衣库的辉煌自然跟柳井正的努力、决断、坚韧有关系，但大环境也不可忽视。优衣库实现飞跃的时候，正是日本经济战后遇到最大困境的时候，泡沫破碎，很多人的财富一夜缩水，所剩无几。在此之前，日本到处是高尔夫球场，街上都是名牌奢侈品，高端酒店鳞次栉比。泡沫破碎之后，人们开始追求简单的生活，这必然使得优衣库有广阔的发展空间。再加上这个品牌的产品价格虽然低廉，但质量经得起推敲，款式虽然屏蔽了时尚风潮，但简约的设计更能经得起考验。

有趣的是，大概是多年之后，优衣库又迎来了它新的发展高潮，那就是走向全世界，而这个高潮的背景是2008年席卷世界的金融危机。

当然，柳井正作为优衣库的缔造者，已经成为全球经营者心中的偶像。他身上优秀的基因很多，但我以为，最重要的一点是善于学习。早期他向香港的服装企业学习，还多次访问美国的贝纳通，他向麦当劳学习连锁企业的管理模型，引入POP系统（Point Of Purchase的缩写，意为卖点广告），这一切整合在一起，就是优衣库的生产模式：优衣库=标准化连锁+休闲服+自主式销售+迅销。

柳井正热爱读书，美国国际电话电信公司首席执行官哈罗德·杰宁撰写的《管理》一书被他奉为圭臬，这本书最核心的观点是："读书时，是按照从开始到结尾的顺序看，但是商业经营却正好相反，应该从终点目标出发，一步步地推理到最初阶段应该做什么，然后为了到达终点，尽全力做好眼下的事情即可。"

再结合我们前边叙述的关于优衣库3年100家店铺计划的推进，就能明白这本书带给柳井正多少启迪了。

很多人说，优衣库的成功是时势造就的传奇，不断缩水的日本经济和日本人手里的钞票，让这个品牌横空出世，但如果经济恢复了，它的生存空间就会不断缩小。

但事实并非如此。至少到我写下这篇文字的时候，优衣库还在不断扩张。因为柳井正抓住了人们的刚性需求：谁都不会排斥物美价廉的产品。奢侈品高高在上，自然拥趸无数，但价格美好、材质舒适的优衣库自然也不会缺少追捧。在日本市场，我们曾经做过调查，日本职场男性每年会购买一到两套西装，价格都在10万日元以上。而他们每年会购买10件左右的休闲服装，包括外套、衬衫、毛衣等。价格不菲的西装搭配物美价廉的优衣库衬衫已经成为日本上班族最佳的选择了。

另外，柳井正用一个词揭示了优衣库成功的秘密：工匠之心。

从1999年开始，优衣库推出了匠心工程，目的就是全程监控产品的质量。优衣库那时候走的也是中国制造代工的路子，柳井正非常担心，隔着一片大海，能否让产品按照日本的标准生产。于是，柳井正创造性地派遣一批老的手艺人（技术工人）到中国工厂，监督生产环节。一开始，中国工厂对这个制度颇有微词，有个人在你身边指手画脚当然很不舒服了。但随着时间的推移，人们发现，这些老的手艺人虽然看似古板，但对技艺一丝不苟，还提升了工厂的制造水准，让人赞叹不已。

这就是优衣库的独特之处，匠心的本质其实一方面是对技术的钻研，另一方面，是技术的分享。古代那些匠人们，不仅仅负责技术研发创新的责任，还需要把自己的技艺传递给徒子徒孙们，让好的手艺得以延续。优衣库这种派遣制度正是匠心精神的体现：不仅仅能给自己制造好的产品，还能提升合作伙伴的技术水平。

柳井正的工匠之心还体现在对服务细节的严苛上，另外，他在服装行业的伟大创举是引入了技术概念。他把形形色色的技术基因植入服装里，他曾经说过，我们的竞争对手不是GAP，而是苹果公司。

第七章

稻盛和夫，东方哲学挽救低迷经济

老子、孟子和孔子

越是在整个经济形势低迷、黯然无光的时候，人们对价格就越发敏感。优衣库和无印良品找到了市场新的靶心，才获得了成功。但总的来说，它们获得巨大增长的原因在于探索和发现，而另一个日本最负盛名的企业家稻盛和夫则是冲进既有的封闭环境中，以冒险精神塑造了新的可能性。

他被称为日本的经营之圣，他一生创办了两家世界五百强的公司，他写作的书籍简单明了，甚至没有任何文采可言，但照样被世界顶级企业家和创业者们奉为圣经。起初，他热衷于用世俗的语言来描述自己的经营思想，那个阶段，他更像平民出身的松下幸之助，后来，他不断深入思考，观察世界，把自己的想法融会为一整套经营哲学。

他的人生当然就是一部传奇，除了经营上的巨大成功，他因为热爱佛教而毅然受戒，因为得过癌症并且战胜病魔，也成为人们精神上的导师。

他在耄耋之年，接管了连年亏损的日航公司，并且又一次让这家濒于灭亡的企业获得了新生。你问他，如何能一路成功？他故作深沉地缓慢回答：敬天爱人。

我多次与他见面，请教他：中国企业家到底是应该向欧美公司学习成功经验，还是向日本企业家学习？

他说："在公司管理、科技创新这些技术层面应该向欧美公司学习；而在企业道的层面，应该向日本学习，但更重要的是向中国的哲学里面寻找答案。"

道，讳莫如深，但又涵盖一切；老子说，孔德之容，惟道是从。悠悠万世，对于道，我觉得高山仰止，难以解释和叙述。老子一生的思想，后世几千人还在不断求索。而这个经营之圣所说的，也不过是道的一点而已，但足以改变世界了。

稻盛和夫对于商业世界的意义在于，他成为亚洲经营思想的代表人物，让一种根植于亚洲，或者说中华传统哲学的商业思想得以确立，并且证明了他的成功。

稻盛和夫的创业故事无须赘言，关于他早年的艰辛，中年的果敢和耄耋之际敢于迎接新的挑战早就被人们反复书写；还有他的所谓阿米巴的理论，敬天爱人的思想也被无数次阐释。他自己创办了盛和塾，专门传递商业思想，让无数企业家从中受益。

这是一个极好的方式，它不同于浮躁的商学院，而是类似于孔子的传道方式。所以，在这本书里，我不再花费笔墨来描写他的故事，但求归纳一下他的经营思想，以此表达对这位东方经营哲学家的敬意。

从更广阔的社会层面来说，稻盛和夫摆脱了企业存在的目的是为了赚钱的窠臼。1982年，稻盛和夫52岁，他决定第二次创业，试图打破日本电信业垄断的局面。当时日本刚刚实行通信业民营化的举措，而稻盛和夫意识到，这个行业能给日本带来更加廉价的通信费用和更优质的服务。于是，他要求董事会给他1000亿日元创业，进入通信行业。当时，他创办的京瓷公司的现金储备是1500亿日元，所以，董事会成员都不支持他，因为他们认为稻盛和夫根本不了解这个行业。

而对于稻盛和夫来说，了解不了解不重要，重要的是自己第二次创业的目的。他把自己关在幽暗的房间里，一次次问自己，创办通信公司到底是为了什么？经过漫长的思考，他认为自己已经"私心了无"，既然他的财富来自于社会，那么也应该用财富回报社会，即使失败了，也是一次伟大的尝试。

于是，在董事会的重压之下，他依然坚持己见，甚至下跪恳求董事会认可他的想法。两年之后，DDI公司成立。

在这个过程中，能看出稻盛和夫遵循知行合一的思想。他一方面审视自己，忘记私心，一切以回报社会为己任，让自己有强大的使命感；另一方面，他不是一个空谈的理想主义者，而是仔细思考利弊，规划出公司发展路径之后的选择。

比如，当时垄断日本通信业的NTT公司有着100多年的历史，年销售额4兆多日元，通信基站遍布日本各个角落，它像一艘巨大的航空母舰，难以撼动。稻盛和夫自己的比喻更加贴切："我有点像风车前面手持长矛的唐吉诃德。"

企业家的远见最重要，有时候远见也凭借直觉。稻盛和夫为了获得支持，游说了著名的电机企业牛尾电机，还获得了同样被称为经营之圣的盛田昭夫的支持，最后，有5家公司成为DDI公司的股东。这些人在认识上和稻盛和夫保持一致：必须打破电信业的垄断，为消费者提供更好的服务。另一方面，他们认为稻盛和夫既然了无私心，必然能塑造一个伟大的公司。

1984年秋天，很多公司都瞄准了电信行业。一家原国有的铁路公司成立了日本电信，凭借已有的铁路网络，搭建了自己的通信站点；而丰田汽车也跟道路公团合作成立了日本高速通信公司。稻盛和夫亲自去拜访国铁总裁，希望能获得他们的支持。

但他得到的答复是："通信这事儿跟我们没关系，你只能自己做。"同时，道路公团也不支持稻盛和夫的提议。

稻盛和夫勃然大怒，他斥责国铁："国铁的铁路沿线原本就属于国家，搭设通信站点是为民众服务，有什么理由拒绝呢？"但愤怒无法改变事实，日本的国有企业根本不把民营公司放在眼里。

人人都会有一部自己的电话

时间一直推进到1986年，深受困扰的稻盛和夫终于找到了一个新的机会。当时，NTT公司和新成立的通信公司已经把新干线沿岸的站点瓜分殆尽，稻盛和夫决定在偏僻的地方开辟通信线路。偏巧此时，NTT公司提出可以提供一条还没有被占用的线路。稻盛和夫意识到，长期垄断的NTT公司担心一家独大最后会被拆分，所以不得已才愿意资源共享。即使如此，稻盛和夫也决定抓住机会。

接着，稻盛和夫派遣原京瓷株式公社的员工负责搭建中转站。值得一提的是，当时负责中转站的员工对于通信完全不懂，稻盛和夫告诉他们：完不成搭建任务就不要回来见我。

这种简单粗暴的方式的背后，是稻盛和夫誓死完成使命的决心。员工们觉得他不近人情，因为从土地谈判到收购再到设施建设都不是简单的事情，更何况，搭建中转站要面临难以想象的自然阻碍，比如五米深的积雪，狭窄的山路，与世隔绝的深山老林……但员工们为了还能见到他们的偶像，必须克服这些困难。这些年轻员工把这个事业当做一场战役，大的设备用直升机运送，小的东西就肩扛手提，穿越雪山草地到达目的地。结果，本来预计三年完成的建设项目，两年零四个月就顺利完工。

事后，稻盛和夫这样总结说：人的灵魂可以被磨炼也可以被污染，人的精神可以变得高尚也可以很卑微，这取决于我们人生的态度，也就是我们准备如何度过我们的人生。

初战告捷之后，稻盛和夫发现了一个新的增长点。当时日本的车载电话由于太过笨重而广受诟病，所以很多电信公司决定改变这种状况。

稻盛和夫马上召集董事会成员开会，宣布要进入这个领域。"人人都有一部自己电话和只属于自己的手机号的时代迟早会来临。"这是稻盛和夫的英明决断，在那个还不知道手机为何物的年代。

而当时，移动通信最佳的载体就是汽车。所以稻盛和夫准备进入这个领域，但他还是遭到了董事会的一致反对。

这一次，稻盛和夫没有下跪恳求，而是说："既然大家都反对，所有的责任由我自己来承担吧。"DDI公司高层瞠目结舌。

稻盛和夫的设想是：利用DDI公司已经有的长途电话网络在各地建立网点，打破NTT公司的垄断地位。再简单点说，就是依靠移动终端来占领市场。但这个想法依然困难重重：第一，在各地建立网点非常艰难，日本国土虽小，但以DDI公司的实力，依然占据着广大区域。第二，各大通信公司也在纷纷寻找突破点，力图在这个新领域淘金。第三，也是最重要的一点，当时频带使用还有限制，在地区，除了NTT公司，只允许一家公司进入。

开始，稻盛和夫想与其他公司合作共同开发市场，但大家各怀鬼胎，难以合作。后来，稻盛和夫想了一种公平有效、童叟无欺的方式——抓阄决定谁能获得开发权。这被日本邮政省斥责为"儿戏，不严肃"。

在这个时候，稻盛和夫又想起了自己创业的初衷：了无私心，为民众服务。恶性竞争，争权夺利的结果，是损害民众的利益。于是，稻盛和夫退一步海阔天空，他提出不再参与东京圈和日本中部的竞争。这样一来，DDI公司只占据了关西等几个地区的市场，跟高速通信比起来，市场整整少了一大半。

这个计划，连胸中有江山的盛田昭夫都不理解了，他问稻盛和夫："哪里有把好处给别人，自己捡破烂的事情？"稻盛和夫的回答是："能捡到破烂也是本事。中国有句古话，将欲取之，必先予之，退一步海阔天空。"

既然在区域上和资源上不占优势，稻盛和夫思考的就是，能不能在资费上击败对手。当时日本各大通信公司都采用NTT公司制式，价格昂贵，入网手续费也高达17万日元。稻盛和夫认为，只有从制式上改变这种情况，才能让国民享受便宜的服务。

于是，他引入了摩托罗拉开发的TACS制式。这种制式诞生于美国充分竞争的市场，且资费便宜。1987年夏天，DDI公司在关西的通信公司正式成立。9月，DDI公司的长途业务也正式启动。当时如果你想享受DDI公司的长途资费，必须在电话号码前拨打0077。过了一段时间，稻盛和夫发现，这种方式太麻烦，用户体验很差，于是，他研发出一种适配器，只要安装在家里，就可以不用拨代码。事后，稻盛和夫推出了免费租赁适配器的业务，立刻获得了市场的巨大胜利。

当时，DDI公司提供的服务资费非常便宜，比NTT公司便宜30%，而且不用缴纳保证金。在开始营业的前3个月，就有1万多用户入网。同时，DDI公司推出的Micro Touch手机也引发了购买狂潮。到了1995年，日本移动用户有1000万人，DDI虽然只占据偏远地区，但他们的用户已经高达195万人，而占领东京等优势市场的IDO的用户不过130万而已。

在接下来的日子里，稻盛和夫不断更新服务、设备和网络，还与世界上知名的通信公司合作，把更加优质的技术引入日本。值得一提的是，DDI还在冲绳建立网络，这个地方虽然美不胜收，但市场并不大，而稻盛和夫以为，即使不赚钱，也应该让那里的市民享受通信服务。

1993年9月，DDI在东京证券交易所上市，第一天交易额就达到550万日元，比公募价格高出了180万日元。这一年正好是DDI公司成立的第九年。

第二次创业成功，自然有无数人向稻盛和夫请教成功之道，讳莫如深的他还是回答那四个字：敬天爱人。

但从其经历来看，更重要的是：知行合一。这是日本自战国时代之后一直秉承的思想精髓。无论是明治维新时期的精英豪杰，还是后世的商业奇才，都深深懂得知行合一的重要性。知行合一源自明朝王阳明的"心学"，当年王阳明被贬官到了贵州农村当一个芝麻绿豆的小官，面临着土匪横行，正规军队消极怠工的险恶环境。王大师招募了一群如狼似虎的草寇与土匪斗争，最后取得了巨大胜利。之后，他两手空空凭借着超群的智慧又平定了宁王的反叛，成为大明朝不二功臣。

他也善于总结自己的思想，他的名言是"知行合一"。他懂得很多人生的道理，也能将这些道理转化为实际的力量来完成自己的使命。他批评了朱熹"存天理、去人欲"的想法，提出，天理人欲都是客观存在的，都是不可回避、无须回避的。

他心怀天下大事，也善于因势利导，不一味蛮干。这一点和稻盛和夫很相似：心中了无私欲，只为了让民众享受优质服务而努力；在行动上有长远打算，有近期目标，不以一城一地的得失干扰自己的理想。所以，即使在偏远地区，他也获得了让人叹为观止的成功。

如果说，敬天爱人是他经营哲学的道，那么不向现实妥协，另辟蹊径，坚持己见，就是他在术这个层面的成功因素。

稻盛和夫最推崇的书籍是涩泽荣一的《论语与算盘》。涩泽荣一建构了日本明治维新之后的商业思想体系，他提出，赚钱不是企业存在的目的，目的是造福国家和民众。所以，他认为一个好的企业家一方面应该用《论语》中"仁"的思想规范自己的行为；另一方面应熟悉商业规则，在商业世界里赚取利润。有人统计过，涩泽荣一的一生帮助创办了5000多家公司，但没有一家是完全属于他自己的。他把自己的生命献给了树立日本商业伦理的伟大事业。从思想上改变人们，比赚取财富更让他兴奋和激动。

稻盛和夫都是这些思想的完美的继承者。比如涩泽荣一提出，竞争的真谛不是为了打败对手，而是能通过竞争给民众更好的服务。稻盛和夫通过与通信产业巨擘NTT公司的竞争使得日本通信成本大幅下降，民众还能享受更好的服务，不能不说涩泽荣一的思想对他造成了深远影响。

阿米巴是小虫子

遵循知行合一的观念，这是稻盛和夫在"精神"层面的追求，在经营的"术"的层面，稻盛和夫开创了阿米巴经营理论。

阿米巴经营说起来挺玄乎，但其实并不难理解，它解决的是大企业病。稻盛和夫创办京瓷（京瓷株式公社，以下简称京瓷），不久就发现，当公司员工超过100人之后，就不太好管理，事必躬亲把他累得生不如死，于是稻盛和夫想，能不能把这100人分成不同的小组，每个小组都由一个组长来统领。这个听起来也不新奇，很多工厂车间都是这么干的。但稻盛和夫的创举是，让每一个小组都独立核算。

这样一来，就出现问题了。财报这个东西不是谁都看得懂的，车间主任干活儿行，对于核算通常一窍不通。稻盛和夫明白这个道理，他认为，公司财报本来就有很多没用的信息，对于基层员工和管理者，应该制定一个简单明了的财务体系：每个月花了多少钱，赚了多少钱。就这么简单。

稻盛和夫自己开发了一个新的财务体系：单位时间核算表。简单得就跟家里记账簿一样清晰明了，用每个月的收入减去支出，来得出每一个阿米巴部门的经营情况。这一体系对抗的是很多大的制造商企业让销售员来定价的弊端。比如说，公司领导发现去年成本提升了，就下令：明年成本削减10%。全体员工忍饥挨饿、节衣缩食，节省了成本。可是到了销售员那儿，他为了把东西卖出去完成业绩，或者为了在竞争中胜出，就压低产品价格，最后，还是亏损销售。

稻盛和夫对这种方式深恶痛疾。他曾经说，制造业的使命就是造出好的产品，通过技术研发来降低成本，而不是玩数字游戏。阿米巴经营的优点就在于，先对产品、零部件的市场价格有所了解，然后通过技术开发，让每一个环节的成本降低，提升产品和零部件的附加值。就比如说，你是一个卖酸辣粉的，生产粉条的供货商发现其他家的粉条更便宜，于是就努力提升技术，让自己的粉条成本下降，那么酸辣粉店的老板买了便宜的原料，自然价格也就会降低。只不过，阿米巴经营是通过在一个公司内部分裂成小集体来完成这个过程。

所以，阿米巴看似是把一个大集团分割成小部分，但实质上是让各个组织联动起来，实现1+1大于2的目标。

这种方式还有一个好处，就是能充分调动生产环节每一个人的积极性。因为每个月收入多少、花了多少钱，都一目了然，这就改变了大公司那种财务报表就是给领导看的弊端。

还有，阿米巴经营的一个关键问题是，哪些部门应该形成一个独立的组织。这个问题其实没有标准答案，需要经营者的直觉和不懈地钻研。比如，当时京瓷决定自己成立一家物流公司。以前各个子公司的物流都是外包出去的。但也有人反对，认为专门成立一个物流公司弄不好会提升成本。稻盛和夫决定试试，结果是，集团整体的物流费用降低了20%。这说明，即使各个部门都在努力缩减成本，但从整体来看，依然存在浪费的现象。

说到这里，很多人会提出一个新的问题：阿米巴经营既然提倡独立核算，那个各部门为了实现自己利益的最大化，会不会影响公司的整体利益？答案当然是有可能。

比如，销售部门为了提升销售额，答应了客户的降价要求，但生产部门就怒了。你降价容易，但成本降低却很难。这个问题怎么解决？

稻盛和夫给出的答案是：哲学。

酷炫吧？其实稻盛和夫的意思是，要通过"洗脑"，向员工灌输正确的企业价值观："正直，不说谎"。在这个哲学框架下，决策者必须从公司利益出发，做出合理的判断。

如果一旦发现有人说谎，或者为了一时的利益做了假报表，稻盛和夫老师绝对会不留情面地严惩之。

通过这种方式，京瓷内部真的形成了一个公开、透明和坦诚相待的氛围。

另外，稻盛和夫也曾经说过，京瓷奖励员工的手段不是薪酬。也就是说，一个阿米巴这个月销售很好，也不见得能拿到丰厚的报酬。按照稻盛和夫的说法，对员工最好的答谢就是肯定和鼓励，如果部门业绩优秀，那每一个员工都会受到表扬，这种精神胜利法更有效。

当然，物质刺激也不是没有，但类似于京瓷这样的公司，更注重给员工提供一个长期的物质体验，而不是销售—提成这么简单粗暴的方式。

这种经营模式和欧美公司形成了鲜明对比，但各有优势，不好一概而论。欧美那种绩效考核制度，的确能激发员工的斗志，成果主义根深蒂固，干得好就赚得多，非常简单，但也粗暴。稻盛和夫提出，在公司业绩好的时候，卖得多赚得多当然是好事儿，但成果主义一旦遇到销售下滑时期就会成为弊端：士气低落、员工流失、恶性循环。

再加上日本这个民族非常同质化，不喜欢出头，强调集体主义，一个人业绩太好难免会被嫉妒，嫉妒扩大化，就会成为矛盾，影响公司整体发展。所以，稻盛和夫认为，通过哲学式洗脑、鼓励才能让企业长久发展，无论顺境还是逆境。

稻盛和夫的故事告一个段落，对于他的描写并非为了书写他个人，而是希望敬天爱人、知行合一的思想能影响更多人。稻盛和夫的理论异常丰富，恐怕当今企业家能建构如此庞杂商业体系的人风毛麟角，特别是能把商业思想上升到哲学层面的也鲜有人在。

再后来，稻盛和夫患上了胃癌。当时，他的妻子因为感冒去做体检，稻盛和夫顺便也做了一下检查，结果却发现胃部出现了问题。事后，他坦言：上帝很眷顾我，若不是因为妻子感冒，我也不会这么早就发现自己得了癌症。

手术完成后，稻盛和夫出家修行，在之后又接受邀请，执掌濒于破产的日航，让这家公司扭亏为盈。

在稻盛和夫的事业高歌猛进的过程中，也面临多次经济危机。比如，DDI公司在创立之后不久，就遇到了泡沫经济崩溃，京瓷也遇到了新的困境。这时候，稻盛和夫提出了两点解决方案：

第一，全员营销。"全体员工都应成为推销员。不同岗位的员工，平时都会有好的想法、创意、点子，这些在萧条时期不可放置不用，可以拿到客户那里，唤起他们的潜在需求。号召对营销完全没有经验的现场生产人员去卖产品，过去向人打招呼都会脸红的人、只会埋头现场工作的人也要去拜访客户，拼命争取客户的订单。正是在萧条期让全体员工都懂得要订单有多难，经营企业有多难，特别是营销部门以外的干部，让他们有切肤般的体验是很重要的。"

第二，全力开发新产品。"萧条时期客户也会有空闲，也在考虑有无新东西可卖。这时主动拜访客户，听听他们对新产品有什么好主意、好点子，对老产品有什么不满或希望，把他们的意见带回来，在开发新产品和开拓新市场中发挥作用。"

稻盛和夫在很多场合都讲过这个故事。

有一位营销员去拜访某家渔具制造企业，看见一种钓鱼的鱼竿附有卷线装置，其中天蚕丝线滑动的接触部位使用金属导向圈。这位营销员注意到这一点，提出建议："你们鱼竿上与天蚕丝线接触的金属导向圈，改用陶瓷试试怎么样，一定非常适合。"

用原来的金属圈，如果用力拉，鱼线会发热断裂，换上陶瓷圈后则不会断裂。从此这家渔具企业决定立即采用陶瓷导向圈。

这一新产品对萧条期京瓷的订单、销售额的扩大做出了很大的贡献，而且效益继续扩大，现在凡是高级鱼竿，全都用上了陶瓷导向圈，并普及到全世界。它价格并不高，但直到现在每个月仍能销售500万个，对京瓷的经营做出了巨大贡献。

稻盛和夫还强调，在经济低迷的时候，也不能放松生产效率。因为越是在别人懈怠的时候，越应该以快捷的速度"造物"。

第八章

那些用户体验之神

乐天是一种基因

在一个成熟的商业环境里，故事应该有另一种可能性，就是回归到产品、服务、思想本身，商人趋利避害是天性，但他们应该靠自己提供的美好世界来获取掌声和欢呼。

日本乐天是一家庞大的电子商务公司，在相对成熟的商业环境里，这家公司曾经骄傲地宣称：我们的目标就是给用户最好的体验，而最好的体验就是交流。

乐天市场（Rakuten Ichiba，以下简称乐天）不同于遍布世界的亚马逊，亚马逊太过庞大，并且具备最领先的技术优势，是典型的极客帝国；它也不同于淘宝，淘宝太过纷繁，琳琅满目，良莠不齐。乐天市场更像一个集市，它强调购物者个人的体验和愉悦的感受，而不是单纯迅速发展的规模和效率问题。

三木谷浩史第一次网购是在遥远的1996年。当时他通过一个刚刚创办的电商平台上购买了几盒泡面，品尝之后，赞不绝口，就像网站上其他购物者的评价一样。那时候，三木谷浩史意识到，虽然交易的手段还比较原始，但网购的时代已经来临了。

同一年，马云刚刚失去了他创办的"中国黄页"，进入北京一家公司工作。14个月之后，他选择了离开，继续创业，才有了后来的阿里巴巴。

而三木谷浩史在第一次网购的6个月后就推出了自己的电子商务平台——乐天市场。"给中小商家一个很容易在网上开店的机会。我们收取固定的月费，商家也可以支付额外的费用来做广告和推广。"这和后来马云创办阿里巴巴的思路如出一辙。

相比乐天，亚马逊更像是一个巨大的零售超市，将一本书或者一支钢笔送到你的手里，背后是一个庞大的系统和无数人参与其中，而这个过程已经成为流水线作业，很少出现一丝一毫的错误。

乐天市场则是另一种风格，它把日本人几乎"灭绝人性"的服务标准引入电子商务世界中来。事实上，在日本，无论是微不足道的小超市，还是国际化标准的麦当劳，你都能感到细致入微的服务，即使你只买了一本书，店家都会耐心地给你免费包上书皮，让你觉得阅读是一件非常有仪式感的事情。

难怪很多年前管理学大师德鲁克就说，日本是最早提出以客户为导向的商业国家。以客户为导向的根基无非就是现在人们挂在嘴边的"用户体验"。

乐天刚刚成立的时候，亚马逊还只是卖书，而许多商业财阀已经开始布局电子商务，但大都没有找对方向：IBM成立了World Avenue的在线购物网站，入驻品牌包括户外用品L. L. Bean、北美著名零售商Hudson's Bay和Gottschalks。但是这个模式被证明比较棘手，IBM在一年之后停止了这个项目，因为商家抱怨它的网站上到处都是IBM的标志，而且IBM也不是零售商和顾客间的有效中介。

乐天决定改变这种方式。"我们对线上商铺收取650美元的月费，比起那些大型的线上商场，这个费用简直是九牛一毛。我们允许商家定制他们的用户界面，而不是适应我们设计好的界面。我们鼓励他们直接与顾客互动，因为我们发现能够讲述个人风格、能与买家进行沟通的商家，生意都不错。"三木谷浩史的思路一直延伸到了后来的淘宝，"亲，包邮哦"这种淘宝语系也是从乐天借鉴而来。

有个有趣的故事是，当时有个卖鸡蛋的老农希望在乐天市场开店，而管理员告诉他，在网上卖鸡蛋可能没什么前途，因为超市里的鸡蛋已经足够新鲜了。老农不屑一顾地说："超市里的鸡蛋一般都会存放一周到两周，早就不新鲜了，我可以保证在客人下单之后隔夜发货，要比超市迅捷多了；而且我卖的是有机鸡蛋。"于是这位老农正好成为乐天第一百个商家。此后，他开始在乐天市场撰写"养鸡日记"。他会把牙签插进蛋黄里，如果蛋黄足够坚固能让牙签直立，意味着鸡蛋的质量非常好，这批鸡蛋才可以出售。他的故事让人们饶有兴致地尝试他的鸡蛋，而一旦顾客从他那里买过鸡蛋以后，就会持续性购买。

对于拥有几千家商铺的分散式大卖场，一个潜在的负面因素是商品质量良莠不齐或者服务出现问题。

但是乐天找到了避免这些问题的方法。"我们有一套严格的开店申请筛选流程。我们监控交易，提供调查项目让消费者能够对店铺进行反馈，如果一家店铺持续收到差评且无法改善，我们就会让它关门。如果货物没有送达，我们会提供退款。"

这就是乐天的商业逻辑，简单直接但又充满创意，其根本的出发点其实非常简单——为用户提供最好的服务和产品。

乐天真正做到了重视用户体验。创业之后不久，三木谷浩史从数据上看出，日本人消费有一个特点：喜欢购买那些百年老店的食品，用户黏性很强。于是，乐天市场开始整合老店资源，形成了一个B2B2C的平台，借助网络优势，让那些老店焕发新的活力。2000年，乐天收购了搜索引擎公司Infoseek，并且正式更名为乐天市场。

另一方面，乐天开始进入金融领域。刚开始，乐天跟余额宝的打法差不多，通过价格战进入证券领域，紧接着，乐天开始引入流量，通过积分、发卡等方式，把用户吸引到乐天平台。很快，乐天成为日本第二大网络金融服务商。

乐天怎么玩互联网金融

乐天向金融领域拓展的第一步是于2003年11月收购了"SFG证券"公司，共花费了300亿日元取得该证券公司96.67%的股份；接着，乐天在2004年7月4日把公司名称变更为"乐天证券"。收购当年9月开户数日本第3，开户数14.7万左右，现在乐天证券开户数超过130万。

乐天希望收购的证券业务可以与乐天集团电商等业务形成相互促进，让证券业务为乐天带来更多的会员，让乐天在线零售平台"乐天市场"积累的大量会员转化为证券业务的消费者，通过互联网的方式，让证券投资变得更为方便，从小众逐渐普及，并通过提供金融服务扩大集团的业务范围。

乐天最聪明的地方在于，它通过会员积分来实现证券业务和电商业务的融合。简单来说，你可以通过乐天证券的投资来获得积分，然后积分可以在乐天市场购物。这个策略效果非常明显，在收购证券公司的一年后，通过乐天市场而投资乐天证券的会员就增加了60%，这说明电商平台引入的证券会员效果非常明显。

乐天对证券的定位是日本第一的网络证券公司，而当前乐天证券排在SBI证券之后，是日本第二位的网络证券公司。乐天证券主营的业务有日本国内、国外股票，以及投资信托、债券、国内外期货、外汇、基金、贵金属等。

当然网络证券的本质还是证券，网络更多是创新的销售途径，所以网络证券受整个投资市场情况的影响会比较明显。而且2015年年初随着雅虎日本入局证券业务领域，未来市场竞争将更为激烈。

中国第三方支付火爆，支付宝占据了绝对的大头，是个潜力股。而在日本，由于信用体系较为完善等原因，日本在线零售市场前三位的支付手段是信用卡、货到付款、银行转账。在日本，第三方支付工具目前几乎没有什么市场（日本经济产业省的统计结果）。对7成交易都是通过信用卡来支付的乐天市场而言，信用卡是把控消费资金来源的重要支付手段，与电商业务关系紧密，信用卡于乐天而言就好比支付宝对阿里巴巴一样重要而不可或缺。同时，消费者在乐天市场的消费记录可以成为发行信用卡的授信依据；信用卡业务将为乐天带来手续费收入等营收增长点；另外，信用卡不仅可以在线上消费，也可以在线下消费，线上线下消费获得的积分可以通用，一张卡片打通了线上和线下的消费场景，势必成为乐天O2O部署的利器之一。因此，乐天将乐天信用卡作为其金融发展的绝对核心，投入了大量的资源。

2004年9月，乐天以74亿日元收购信用卡贷款公司"AOZORA卡"，2005年6月又以120亿日元收购信用卡发卡公司"国内信贩"，开始发行信用卡"乐天卡"。

信用卡主要有两大功能，一是消费支付，二是信用卡贷款，如果支付宝"信用支付"未来面向线上线下所有商家开放，那么在消费支付方面已经大致等同于信用卡，只不过可能支付宝"信用支付"没有卡片载体，而是将手机作为载体，甚至是完全没有载体的。

2009年2月，乐天收购了日本第二个诞生的网络银行eBANK Corporation，2010年5月将其更名为乐天银行，目前乐天银行是日本最大的网络银行，截至2015年2月底，开户数达到422万，吸收存款8194亿日元。银行吸储功能为乐天带来了大量资金，存款资金池里面的钱可以源源不断地为乐天的业务拓展补充能量。使用乐天银行提供的服务获取的积分可以用于在线购物等其他服务，通过其他服务获取的积分也可以支付银行手续费。

eBANK于2000年1月成立，2001年7月取得银行牌照，核心业务是互联网结算，当时没有融资业务。2005年11月开始涉足投资信托业务，2006年12月开展外币普通存款业务，汇兑等手续费业界最低，网络银行的低成本为其带来了竞争力。2006年eBANK开始发行借记卡。

2009年，eBANK被乐天收购。乐天首先看中了其业界领先的支付结算能力，可为乐天数千万会员带来更为便利的支付结算体验；其次是可以充分利用乐天庞大的消费者群体，开发个人贷款、住宅贷款、电子货币等金融产品。依靠乐天庞大的用户优势，eBANK纳入乐天旗下一年便成功扭亏为盈。

目前乐天银行业务账户分为个人、个体业者、企业三类，业务涉及借记卡发行、境内外转账、支付、日元存款、外币存款、发卡、存取款、汇兑业务、个人贷款、住宅贷款等众多领域。乐天银行自己并没有设置自动取款机，但其发行的借记卡可以在日本全国大约60000台自动取款机上取款，且无须手续费。对于在乐天开店的店铺来讲，在乐天银行开户最大的好处就是可以每天收到乐天的结算款项，资金周转迅速。

乐天银行的"超级贷款"是面向个人的融资信贷产品，于2009年4月推出，申请人可以是消费者，也可以是个体户。乐天银行不提供面向法人的融资贷款，但是法人代表可以以个人的身份向乐天银行申请贷款。"超级贷款"不限制用途，最高可以获取500万日元的贷款，对除了个体户和法人代表以外的一般消费者，200万日元以下的贷款不需要提供收入证明，无论是否有正式工作都可以从乐天获取贷款。乐天集团曾于2006年与"东京都民银行"达成合作协议，面向中小企业和个人提供贷款，开设"东京都民银行乐天支店"，但该业务于2008年年底关闭。

到目前为止，乐天是世界第三大电子商务市场，仅次于亚马逊和eBay。

7-Eleven的用户体验

如果说，电子商务的飞速发展迎合了这个互联网的时代，那么几乎与此同时，对传统零售业表示悲观的想法一直喧嚣尘上。但事实总不会那么简单，7-Eleven便利店就展现了一种新的可能性，它依然作为人们生活中不可或缺的一部分而健康发展，这一切都得益于铃木敏文的经营哲学。

7-Eleven已经成为日本消费文化的一个代表，但其实它来源于美国。它的前身叫南大陆制冰公司，诞生于1937年，主要制造冰块。后来为了扩大经营规模，这家公司开始售卖洗衣粉、面包、鸡蛋、酸奶等日常用品。10年之后，这家公司更名为7-Eleven。这个名字的含义是，倡导一种早睡早起的生活，早上7点起床，晚上11点睡觉。另一个含义是，它能包容你一天的生活。

到了1977年，7-Eleven便利连锁店发展到5000家；1985年，"美国7-Eleven便利连锁集团"在美国加利福尼亚州设立了5个流通中心，不仅在加拿大、墨西哥、意大利直接经营，而且在日本、中国香港地区、台湾地区、马来西亚、澳大利亚、泰国、韩国特许经营，成为便利店中无可争议的王者。

　　大约在这个时候，铃木敏文的生命开始和7-Eleven产生了交汇。

　　铃木敏文生于1932年，30岁的时候进入伊藤洋华堂工作。几年之后，他有机会参观了7-Eleven在美国的店面和物流中心，深受触动。虽然当时日本便利店遍布全国，但他依然发现，7-Eleven模式有其独特性：独特的选址战略、培养利润意识极强的加盟伙伴、随时增加经营品种、喜欢和善于并购……

　　"它的最大特点就是不像超市，以低价竞争来博得消费者的欢心，而是凭借商品销售管理来寻求发展的零售新业态。其连锁管理、效率化店铺、丰富的零售经验，真是太有魅力了！"但当时伊藤洋华堂的董事会显然并没有被这种魅力所折服。他们以为，日本零售市场几乎没有新的空间了，杂货铺鳞次栉比、大超市随处可见、百元店也层出不穷……但铃木敏文认为，7-Eleven最强大的优势在于它的效率，仅凭这一点就能击败同类对手。

　　他不厌其烦地劝告董事会：日本电器产品也度过了靠低价来竞争的时代，零售业也是如此，必须以一种新的形态来进入更大的市场。

　　经过漫长的争论，最终董事会接受了他的意见。1973年11月以销售额的1%给母公司作为条件，铃木敏文获得了"美国7-Eleven便利连锁集团"在日本的地域特许经营权，力排众议创建起了"日本7-Eleven便利连锁集团"。

　　接下来，就是7-Eleven的神速发展与扩张。1975年，连锁加盟店发展到69家，营业额突破了48亿日元，更为可喜的是福岛县郡山市的虎丸店，创造了24小时全天候营业的业界新例；1980年，连锁加盟店多达1000家；1984年，连锁加盟店达到了2000家；1990年，连锁加盟店翻了一番，达到4000家之多；1995年，连锁加盟店超过了6000家；1999年，连锁加盟店达到了8000家；2001年，连锁加盟店发展到9125家……到了1989年泡沫经济崩溃时期，这家公司依然逆势增长，铃木敏文托管了7-Eleven，成为这家美国便利店集团的实际掌控者。

铃木敏文是个有远见的企业家，他不仅依靠伊藤洋华堂这个大财阀，而且也敢于和墨守成规的财阀做变革斗争。那么，他究竟为何能让7-Eleven成为零售业的王者呢？让我们慢慢分析一下他的经营哲学，我相信，他的哲学不仅仅是对传统零售业的反思与前瞻，更对电子商务领域有着借鉴作用。

第一，深入人心的用户体验。

铃木敏文制定了"三个中心"运营战略目标：以顾客为中心组织经营——在满足顾客需求的前提下，充分发挥零售业的主导作用，把定制营销带到零售业中；以信息为中心管理商品——充分发挥信息系统的通畅作用，把信息营销带到零售业中；以效率为中心提供服务——充分发挥差异化服务的广角作用，把个性营销带到零售业中。正是从"以顾客为中心组织经营"的目标出发，铃木敏文事事处处从消费者的心理出发，尊重购物习惯，体谅消费喜好，不仅将上班族归类为"加班时经常购买零食为宵夜"的消费层，让靠近上班族的7-Eleven便利连锁店夜间增加零食；而且考虑到顾客站着购物不易看见下层商品的实际情况，要求每个7-Eleven便利连锁店的货架下层摆放要醒目，令顾客一目了然；并根据"单身族"的生活习惯，贴心地开发出御饭团、迷你火腿、小包装洋芋片、小袋洗洁精、迷你洗发精等适销对路商品。正是从"以信息为中心管理商品"的目标出发，铃木敏文全力开发"POS销售时点"（Point of sales）信息系统，建立起了全球仅次于美国太空总署（NASA）的信息资料库，精准解读变化多端的购物心态，从而游刃有余地确定了目标客户群——男性和未婚者。他十分专注于"气象经济"，每天固定5次从各个便利连锁店收集天气动态信息，以免对新鲜度要求高的商品因天气变化而积压或脱销。

铃木敏文要求每一个管理者要对每一种产品、每一个店铺、每一个员工都要有充分的了解。他特别要求每家店铺都要对员工进行服务方面的培训，让他们带给消费者最好的体验。比如，7-Eleven也售卖盒饭，有些顾客来晚了，盒饭售罄。这时候，7-Eleven的店员会提醒你，去隔壁的便利店也能买到，有的甚至还告诉你其他商家的哪种盒饭好吃。

这对很多企业来说是难以想象的，就好比你去索尼的柜台问松下的店铺在哪。铃木敏文以为，给客户好的服务才能获得他们的认可。他自己也善于听取消费者的意见，比如，有个顾客给他写信，说价签标错了，但员工当时态度不太好，只是冷冷地说："标错了，不是这个价格。"铃木马上给这家店铺写信，要求整改，犯错必须道歉。

铃木敏文的确对大部分产品有着惊人的了解，而且他倡导用一种新的生活方式来改善用户体验。比如说，经过证明，桃子放在冰箱里三个小时之后的味道是最甜美的，于是，他就在店铺里张贴海报，告诉消费者7-Eleven的桃子经过合适时间的存放后口味鲜美；大米也是如此，长时间存放大米会影响口感，7-Eleven提出，要把大米放在冰箱里，而消费者每次购买都要适量。

7-Eleven很多产品是供货商提供的，并没有写明使用方法。针对这样的产品，铃木敏文要求员工自己试吃、试用，然后为消费者提供使用的方法。

比如，他们曾经售卖过一种方便面，包装上没写使用方法。铃木敏文让员工自己挨个泡，结果找到了最佳口味的水量，然后贴了一个小告示贴在方便面的包装上，告诉消费者怎么泡。

还比如说糖果，每次有新产品来，铃木都会要求员工观察，糖果几天会化开，然后提示消费者要在几天之内吃完。

我们不得不钦佩日本人对服务的追求。那些整日叫嚣用户体验的公司，应该面对苍穹，扪心自问，能否做到7-Eleven对用户的真正体贴，哪怕只做到

10%也好。

第二，防止销售额至上。

这一点非常重要，可以说，正是放弃了单纯追求销售额的策略，才让7-Eleven安全度过了泡沫经济时期，并且逆势增长。在经济高速发展的时候，销售额自然不用费劲就能随势而涨，但到了低迷时期，提升10%销售额都极为艰难。铃木敏文的策略是，注重利润率的增长，减少库存。"剔除销售不好的产品，只卖那些好的产品，所以我们必须用严苛的目光来审视库存。"

其实铃木敏文没有什么特别好的方法，就是"审视每一件商品，仔细思考"。他要求每一个店员都要汇报每一件产品的销售情况，那些不好卖的东西要迅速被清除。他提出了"单品管理"的概念，这是一项复杂的工作，但的确能提升利润率。

铃木敏文还指出，除了控制数量，更要紧的是提升产品的品质。他举了一个例子，比如7-Eleven不断更新红酒杯的样式，有店员说，附近的很多人都买过了，为什么还要更新？铃木敏文的回答是，只要产品好，一定会有人不断买新的。事实也是如此。

铃木敏文对单品的管理精细得令人震惊。7-Eleven推出的红豆饭广受欢迎，但刚开始推出的时候，味道相当一般。铃木敏文让负责红豆饭的员工进行了仔细调研，最后发现，红豆饭用蒸笼蒸才会激发红豆的香味，而当时店里都是用水煮。于是，铃木敏文下令，每家店铺都购置大型蒸笼，一时间，日本大街小巷都弥漫着红豆味儿。

在关注产品方面，还有个故事引人深思。当时，有个高管向铃木敏文推荐新业务，他说，零售业现在几乎饱和，要想持续发展，就要进入新的领域，比如开个饭馆啥的。铃木敏文问他，你吃过7-Eleven的便当吗？这位高管说，没有。铃木训斥他说，如果连自己的产品都不够了解，不想着提升已有业务的品质，即使让他去干新的行业，也肯定不会成功。

第三点，严苛的管理。

除了单品管理，在日常管理上，铃木敏文也从不妥协。他专门印制了"工作计划表"，让每一位员工清楚何时做何事，计划表的横轴是以小时为单位划分的24小时时段，纵轴填写的是店员姓名；工作计划用直方图的形式在表中体现出来，直方图的起点和终点分别表示工作的起始时间和结束时间，工作内容填写在直方图的中央；工作项目有清扫、订货、检验商品、商品上架、检查商品鲜度、陈列商品、检查温度、报刊退货（这是7-Eleven唯一可以退货的商品）、补充消耗品、货币兑换、制定销售日报，还有"空闲时做其他事""下班后到车站周围走走看看""把东西放回原来的地方""空闲时不要窃窃私语"等各种指示和提醒语……铃木敏文十分重视事后的检查与评估，专门颁行了"工作检查表"，列出所有作业项目，每个店员对照各个项目的要求检查自己的执行情况；这种检查一般以每半个月、一个月、二个月、三个月为单位进行；"工作检查表"由本人和其他相关人员分别填写，采用"0"和"X"标度实行两段式评估，或者用1～3标度实行三段式评估，也有的用1～5标度实行五段式评估……为了规范结算时的待客行为，他专门印制了"待客行为效果表"，要求每一位店员不折不扣地做到：顾客结算时，必须高喊"欢迎您"；面对顾客时，同事之间不能窃窃私语，不能随便聊天；收银员要清楚地说明每件商品的名称、价格，同时结账；确认顾客预交款时，在未完全算完账之前，不能把预交款放进收款机；在顾客购买盒饭或食品时，要询问"需要加热吗"；顾客等待时，一定要说"让您久等了"；只有一个人结账，而有很多顾客等待时，要向同事高喊"请给顾客结账"；当很多顾客在另一处等待结账时，要说"请到这边结账"；加热后的商品必须手持交给顾客，以保证商品是温的……

他根据自己多年的经验，把他的管理哲学命名为"假设与验证"。这并不是一个什么玄妙的哲学，比起"敬天爱人"来更加浅显易懂，但很少有人能在实际工作中灵活有效地运用。

我们试着从7-Eleven订货系统来验证一下这个简单的理论。铃木敏文认为，持续关注才会有假设诞生，才能得以验证，而持续关注的核心是专业体系。比如，他先假设，7-Eleven里卖的米饭和饭团是不同种商品，所以需要不同的专业人士来管理订货体系。这些专业人士的任务就是验证数据的可靠性，从而提升品质。

基于这个思想，7-Eleven里都会有六七个店员负责订货，他们不仅要关注单件产品的销售情况并完成订货，还要从早中晚三个时段来分析货品的流转情况。

这个思想的进一步升华，体现出铃木敏文对于数据化的独特观点。在零售业，曾经有人提出过开办无人管理超市的想法，也就是说，从进货到销售，都实现无人化管理，数据都基于POS机和计算机系统。

铃木敏文对这种想法不屑一顾，他坚持认为，POS机和计算机系统，都需要人的掌控才能焕发生机，单品管理才能让商品和服务具有灵魂，打破消费者的疲倦感。

伊藤洋华堂高层每周都会一起午餐，吃食是从一家高级餐厅订来的外卖，味道不错，但吃的次数越多，大家就越觉得乏味。铃木说，这就是消费者的疲倦感。他认为，就食品来说，要考虑大家不同的口味。很多店铺认为，凉面这东西适合夏天吃，清爽可口。但很多商家没想到的是，天冷的时候，吃惯了那些暖心暖胃的食品，偶尔也想吃口凉面去去火。这就跟大冬天里很多人爱吃冰激凌一个道理。

所以，验证假设这个理论的核心，其实还是从消费者出发，不放过任何细节。

第四点，关心那些看似没用的东西。比如气温和天气的湿度。铃木以为，这些看似与事业无关的事情恰恰能发现人们生活方式的改变。其实这个观点真的很简单，比如天气变冷了，大家就要开始喝热咖啡；天气热的时候，人们就需要喝凉爽的饮料。但能做到这一点其实并不容易。铃木敏文要求店长每天都要询问店员，今天天气如何、温度是多少，下周呢，下个月呢，全年呢……

这基本上就是我总结的7-Eleven胜利法以及铃木敏文的经营哲学。需要指出的是，这几点并非并行不悖，而是交织在一起进行的，他的核心思想就是：关注顾客的体验。这不是什么高深的理论，也没有玄妙的概念，我为了写作此文阅读了铃木敏文的几本著作，他的书平实易懂，甚至缺乏文采，但正是这种抓住要害，去掉粉饰的风格帮助了7-Eleven。你很难想到，世界上最大的便利店集团就是建立在这么简单、粗浅、乏味的思想根基之上的。但现实情况的确如此。很显然，无论是传统行业还是刚刚崛起的互联网行业，在一个正常、健康的商业体系下，没有什么捷径可走，只有时刻关注用户的需求，并且持续改善才能获得成功。日本企业家对于细节的把控，才是一种真正的极致精神和工匠思维，凭借着这种精神，他们不仅能塑造高速增长的伟大时代，还能穿越过低迷的经济沉睡期。比起那些只会制造概念的企业家，他们更值得我们尊敬。

第九章

任天堂，让日本人变宅神

游戏帝国，从骨牌屋开始

据说，只是据说，在经济危机时期，能逆势增长的企业是娱乐公司，比如电影公司，因为人们没钱去奢侈了，就花钱看看电影过瘾吧。还有一种公司，就是游戏公司，从某种意义上说，日本泡沫经济的崩溃催生了御宅族这个概念：隐蔽在家中，以游戏、漫画度日。所以，全世界最知名的游戏公司任天堂的火爆就不难理解了。

而对于任天堂来说，泡沫经济的崩溃，也让它经历了一场深刻的变革，这推动了它在2003年日本经济复苏时候，登上辉煌的巅峰。

人们知道任天堂，但很少有人知道，在2000年的时候，这家公司已经有了113年的历史。这一年，任天堂发生了两件大事：一个是社长山内溥宣布退休，当时任天堂有着数千亿日元的盈利，他可以算是功成身退；另一个就是，他必须找一位优秀的继承者。

第二件大事相当困难，因为在任天堂100多年的历史上，一直采用家族管理模式，而山内溥希望改变这个传统，寻找一位合格的职业经理人。

提起这家公司，我充满敬意。74岁的山内溥行事专横、独裁、不可一世。他的管理风格可以说让员工爱恨交织：他很少听取别人的意见，一意孤行；但另一方面，他又把任天堂变成了世界上最伟大的游戏公司，在他退休的时候，任天堂的产品散布世界各个角落，无论是高档写字楼、豪宅还是酒吧，都有任天堂的栖息地。

任天堂的故事要追溯到1889年，那一年，山内溥的曾祖父山内房治郎在京都开了一家扑克牌售卖店，并且命名为"任天堂骨牌"。任天堂骨牌很快行销全球，原因在于，骨牌设计精美，让人有一种高档的感觉。这不得不说山内房治郎有着长远的眼光：人们一直以为扑克牌是个低端游戏，无须讲究设计和画面，但山内房治郎认为，日本人对于娱乐的需求会越来越高，要让消费者迷恋上扑克牌。

其后，任天堂骨牌越做越大，不仅开办了自己的工厂，还建设了办公楼。2014年10月，我去京都游历，特意参观了任天堂当年的办公场所：一座空荡荡的两层小楼，门上挂着一块不起眼的匾牌：任天堂骨牌。今天，这个小作坊依然在运转，制作花札纸牌。"虽然纸牌已经不盈利了，但我们需要记住历史和传统。"山内溥也会经常在这座小楼附近徘徊。

1949年，二战刚刚结束不久，山内溥继承了家业。此前他在早稻田大学念书，为了完成家族重任，他选择了退学。

山内溥上任的第一件事，就是让家族其他成员退出公司，因为他认为自己必须树立绝对的权威，七大姑八大姨儿们必须不干政。

刚刚起步的山内溥也遭遇了不少挫折，比如投资情人旅店、卖便当等等都让他赔得血本无归。

1951年，美国和日本关系进入了甜蜜期，山内溥抓住了机会，他和迪士尼公司签署协议，让任天堂的骨牌上出现了米老鼠、唐老鸭、白雪公主，由此打开了儿童市场。此后，山内溥将公司名称进行了调整，保留了任天堂三个字——因为人们更容易记住它。

20世纪70年代前后，任天堂开始向电子化转型。当时山内溥成立了游戏部，并且研发出了第一款游戏产品"超级怪手"，它是一个像剪刀形状的塑料手，能帮助小孩从家长口袋里掏出钱来。这玩意儿居然大获成功，一个假期就卖出了100多万个，很多家长损失惨重。

接着，任天堂又先后推出了激光枪、爱情测试仪等产品，都获得了巨大成功。

同时，山内溥开始向着硬件进军。他的首席工程师横井军平开发了一个伟大的产品：Game & Watch，简单说，就是掌上游戏机。它的意义在于，小孩们再也不用跑到游戏店里去玩街机游戏了。

山内溥深受触动，他督促横井军平建立了一个软硬件开发团队，而这支团队在之后的岁月里开发出了无数迷人的产品。

山内溥强悍的性格让他意识到，一切都要掌控在自己手中。于是，山内溥开办了工厂，制造游戏卡带，这是因为，山内溥认为，任天堂不仅仅要掌握软件，还要控制硬件。

同时，任天堂接受了第三方游戏开发公司的软件产品，但这些开发者必须自己承担风险，而获得的利润大部分都成了任天堂的收益。在那个时候，这个策略的确迅速提升了任天堂的业绩，但也为之后开发者的离开埋下了定时炸弹。

之后，山内溥研发的游戏、游戏机不断更新迭代，并且打入了全球市场，这个过程就不再赘述了。时间到了2000年左右，山内溥开始物色接班人。

当时看似最合适的人选是他的女婿荒川实。第一，他是自己人，符合家族企业的传承理念；第二，他曾经率领任天堂打开美国市场，在公司内部地位显赫；第三，他在山内溥淡出管理层后，一直官居董事长兼任总裁。一切都似乎合情合理。

但2000年，山内溥意外宣布，荒川实将退休，"任天堂需要一个新的领导者。"他对记者这样说。

时间推进到2003年，继任者依然是个悬念。与此同时，任天堂的股价也跌宕起伏。山内溥认为，任天堂一直受到投资者的认可，这基于两个原因：第一是公司现金充足，几乎没有负债；第二，任天堂的创新能力极强，优秀产品层出不穷。而作为一家上市公司，山内溥很清楚，必须以公开透明的方式告诉投资者公司的每一步发展、每一个决定和每一个可能遇到的困境。特别是在索尼推出PS2①之后，任天堂面临的压力就越来越大。

到此时，有三个人成为新任总裁的热门人选：一个叫浅田笃，当时68岁，此前在夏普工作；另一个叫森仁洋，56岁，在任天堂工作了30多年；最后一位叫岩田聪，《商业周刊》曾经赞誉他是"备受尊敬的游戏开发人员"。

而外界媒体对任天堂的关注不仅仅表现在继任者的名字上，大家似乎更关心，在新人上位之后，山内溥是否会全面放权。因为大部分日本公司都保留着元老制度，比如大贺典雄在出井伸之担任社长之后，依然享有强大的影响力。更何况，任天堂是家族企业，在过去的岁月里，山内溥又对公司有着绝对的权威。

最后，山内溥终于宣布，继任者是比他小32岁的年轻领袖岩田聪。"岩

---

① Play Station 2，简称PS2，是索尼于2000年3月4日推出的家用型128位游戏主机，日本推出当天即造成抢购热潮。

田聪对硬件和软件都非常了解，虽然我认为软件更加重要，但有人的观点则相反。"也就是说，山内溥选择了一个折中的方案，而从未来任天堂对硬件的加强来看，他当时的判断非常准确。

陌生的继任者

岩田聪身材矮小，戴眼镜，留着过耳的中分头，善于言辞，同时对管理有着独特的见解。

但即便获得了山内溥的称赞，外界也还是认为，山内溥在任天堂的领导权不会减弱，甚至有媒体说，岩田聪不过是个傀儡。

这种猜测持续了很长时间。比如刚刚上台之后，岩田聪和任天堂的游戏天才宫本茂一起登上了美国电子娱乐展的舞台，人们对宫本茂追捧有加，毕竟他开发出了影响几代人的经典游戏《超级马里奥》。而很多媒体从未听说过岩田聪的名字，甚至还会拼写错误。

但岩田聪没有丝毫气馁，他决定用最短的时间证明自己是山内溥最好的继任者。上任之后，他做了两个决定：独揽技术和开发的权力，即使山内溥也不可以干涉；提升任天堂的创新能力，并且要花费大量人力和物力。

他在社长就职演讲上说："无论索尼能卖出多少台主机，也不管微软的目标是什么，对我们来说，首要的任务是把游戏软件尽量做到最好。然后以此来推动主机的发展。"

在实际战略上，岩田聪也在做出调整，他认为，追求高分辨率、优质音效的主机并不是当务之急，而研发出简单、有趣的游戏软件才是安身立命的灵魂；同时，他带领公司进行转型，从针对年轻人、老人来开发游戏，转变到为有支付能力的公司白领来开发的策略。这一点上，岩田聪、山内溥和宫本茂达成了一致意见。

而山内溥惊讶地发现，这位继任者不仅作风果断、干脆、卓有见识，同时，还有着他一直没有发现的幽默感。

我们来说说岩田聪吧。他生于1959年，札幌人，与山内溥家族没有任何关系。在高中时代，岩田聪就对电脑和程序感兴趣，他甚至利用业余时间兼职做程序员，并且自己开发出一个棒球游戏。

大学时期，岩田聪开始创业，他和伙伴们在秋叶原租了一个公寓，白天上课，晚上开发游戏。很快这个小团队被任天堂研发中心HAL公司看中，并且邀请他们加入。他们为任天堂开发的《星之卡比》《NES弹子球》广受好评。特别值得一提的是，在岩田聪的率领下，这个团队推出了游戏Kirby's Dreamland。这个游戏对应Game Boy平台，是一款专为初学者而设的游戏，任何段位的玩家都能轻松将它玩通关，该作最早于1992年4月27日在日本上市，同年8月又登陆美国，大获成功。这个作品可以说改变了岩田聪的一生。因为从1992年左右，HAL公司深陷亏损之中，急需一批游戏作品摆脱困局。也正是因为这款游戏的诞生，让山内溥注意到这个年轻人，并且任命他为HAL总裁。8年之后，这家公司奇迹复苏，摆脱赤字，并且成为一架强大的赚钱机器。

2000年，岩田聪正式加盟任天堂担任企划部主管，他的人生发生了巨大的变化。独断专横、一言九鼎的山内溥和谦逊幽默、不喜张扬的岩田聪建立了一种奇妙的信任关系。山内溥急于把自己的管理知识倾囊相授，而岩田聪也耐心谦和、事无巨细地向这位前辈请教。

2002年，当岩田聪成为公司总裁的时候，他回忆说："山内溥先生总是跟我聊一些禅语，有时候我不太懂，但能体会到他对任天堂、对人生的思考。

比如，他会说，你想成什么，便不能成为什么，但你可以选择逃跑。我不太明白这些话的含义，但我知道，肩负着任天堂复兴的责任，我不能逃跑。"

总之，山内溥对岩田聪无比信任，并且真的将自己的衣钵传授于他，并非向外界传言的那样，年轻的岩田聪只是一个傀儡。

在上任之后，岩田聪显然比他的前任更受人欢迎，他很少发怒，也拒绝用咒骂、罚款或者别的粗暴方式来对待员工，相反，他能深入一线设计团队，和他们谈笑风生；他鼓励创新，即使是一个微小的创新也能获得他的褒奖……

他尊重那些为公司设计了伟大作品的前辈，比如对于宫本茂，他一直以老师相称，即使他成为社长之后，也一直将宫本茂作为自己的偶像一样崇拜。

因此，无论是上级还是下属、年轻人还是前辈，都对岩田聪赞誉有加。不得不说，这是他强大的人格魅力带来的结果。

但是，岩田聪刚刚接任社长职务的时候，正是日本游戏产业一派萧条的时期，旖旎的风光似乎已经遁去，人们对游戏似乎越来越不感冒了。

大名鼎鼎的世嘉公司已经放弃了硬件开发，转型为一个只提供游戏软件的公司，于是很多人建议岩田聪也这么做。山内溥始终不表态，他让岩田聪自己决定。而后者不愿意成为这家伟大公司的葬送者。

2003年1月，他宣布："除非任天堂放弃整个游戏产业，否则我们不会放弃主机的生产。"看到这里，我心中一阵唏嘘和庆幸，如果当时岩田聪果断废止了硬件生产，那么，也许我们还能玩到他们开发的游戏，但我们恐怕就再也无缘遇见美轮美奂的Wii（任天堂公司2006年推出的第5代家用游戏）了。

"我就像一个厨师，在给酒足饭饱的国王做饭。"岩田聪当时的心境一定充满无奈，但还必须要满怀期待和激情。

对于任天堂来说，给吃饱的人做饭也有技巧，那就是提供不一样的

"菜"。即使你鸡鸭鱼肉吃饱了，也总不会拒绝甜品或者来杯小酒吧？

他始终坚信，游戏不是只有小孩子会玩，在线游戏也不会取代游戏机。基于这两点，岩田聪用心地策划着未来。

一方面，他重新整理与合作伙伴的关系，比如著名的游戏公司史克威尔。史克威尔原本是任天堂重要的游戏开发商，但是在1996年投奔更加"有钱任性"的公司索尼，而尽人皆知的《最终幻想》就是它为索尼量身定做的，更要命的是，索尼是这家公司的第二大投资者，也就是说，任天堂与史克威尔合作几乎是不可能的。

但岩田聪却认为这是可能的。因为利益是最重要的，他说服了史克威尔与索尼达成了一个协议：只要史克威尔与任天堂的合作不会影响索尼PS的游戏研发，就同意两者重新合作。另外，史克威尔投资了一家子公司，专门帮助任天堂挖掘那些有盈利潜质的游戏公司。

接着，岩田聪又开始与世嘉公司合作，经过世嘉重新开发后，那些代表几代人青春记忆的游戏《刺猬索尼克》《超级马里奥》开始出现在任天堂的主机上。

但这一切都没有能迅速改变现实。2003年前半段财年结束时，任天堂亏损2600万美元，这是任天堂1962年上市之后的第一次亏损。

很多年后，岩田聪获得了无数成功的光环，但他回忆起那一年的阴影，依然唏嘘不已。"我们必须找到好的产品，我始终相信，当时的亏损是因为我们没有好的产品，没别的原因。"

游戏帝国大乱战

岩田聪所说的好产品，就是指下一代任天堂的主机。那么，我们来插叙一段关于游戏机主机的历史和几大竞争对手之间无休止的厮杀吧。

在主机市场上，任天堂一直是个奇特的存在。因为大部分游戏厂商的策略就是，硬件亏损，然后依靠游戏来赚钱（这不就是你们热炒的互联网思维吗），但这种策略的前提一定是，公司有强大的经济实力，足以支撑硬件的亏损，比如索尼、微软，只有它们这种土豪大鳄才能进入主机之战。

1999年3月，微软提出了研发Xbox的想法，还把这个项目命名为"中途岛项目"。说起来，这个名字明显就是在向任天堂、索尼叫板，微软认为，凭着Xbox足以在游戏市场再来一次中途岛之战，彻底击败日本。

那么，为什么微软要做游戏主机呢？因为他们发现，游戏主机是霸占客厅的一个关键核心。就好比，现在的很多公司都开始做电视、手机、路由器一个意思，谁能霸占客厅，谁就能抢占一个强大的生态系统主导权。

于是，微软投资了数十亿美元、集结了1000多人的研发团队来进入游戏主机市场。2000年，微软宣布，Xbox将在第二年问世，售价不到300美元。但外界认为，微软卖出一台主机就会亏损100美元，因为游戏主机的开发就代表着高昂的成本。第二年年底，Xbox共卖出了150万台，销量不如任天堂和索尼的主机产品。

更可怕的是，比尔·盖茨必须要享受巨额亏损的煎熬。当时预测，2001年，微软在Xbox上的亏损将达到37亿美元。说实话，直到微软进入游戏领域的第四年，业绩依然乏善可陈，虽然品牌知名度迅速提升，但从收入上看还是入不敷出。

这种状况一直到2008年才有所改变，那一年，Xbox 360的销量终于把索尼PS 3（Play Station 3）远远地甩在后边，而LIVE服务也给微软带来了10亿多美元的收益。

面对微软的攻势，任天堂也在积极应对，寻找出路。岩田聪把下一代神秘的主机产品包裹在"革命"的名义下。

2004年，各种关于任天堂新主机的猜测喧嚣尘上，大体上，人们认为，这款产品将是"小巧、安静、价格适宜"的代名词。

但在这款新主机改变游戏世界之前，任天堂的掌上机DS已经取得了巨大成功，它因为内置了简单、有趣的游戏而成为老少皆宜的产品。宫本茂认为，这是个好时机，"当别的主机生产商忙着为玩家制作复杂多功能主机的时候，我们给玩家简单好操作的主机"。

2006年4月，春风拂面的时候，任天堂的神秘主机终于面世，它的名字叫"Wii"。两周之后，宫本茂在美国用Wii完成了一次交响乐指挥，而岩田聪则当着美国媒体的面玩了一款游戏。啥也不说了，2006年5月，任天堂的股价达到了4年内的最高值。

接下来我们聊聊这个产品，它没能改变世界，但的确改变了游戏行业。

它首先是一部综合游戏机，待机时间达到了8天，软件无所不包，体育、游戏、电子商务尽收囊中。

产品外形轻巧，设计精致，而且很耐用。整体上是个长方体，加入了吸入式光驱，一体化设计让它即使放在电视旁边也毫无违和感。

而任天堂最重要的设计突破是无线手柄的诞生。技术方面的细节不多说，为了这个手柄，任天堂提出了100多个提案，而且每个提案都很精彩，比如有人提议，做一个戴在脑袋上的罩子，直接操作；还有人提出，设计成一把扇子的样子，羽扇轻摇……

最后还是宫本茂这个游戏老手力挽狂澜，他告诉研发者，使用遥控器已经成为人们的习惯，这种习惯需要尊重，但创新也不可懈怠，于是，他发明了单手操控的游戏手柄，而从市场表现来看，他的判断非常准确。

这款手柄实现了真正意义上的智能化，在9米以内遥控手柄，电视或电脑屏幕就会立刻接受指令，帮助你玩游戏。而且，它还可以承受10公斤左右的冲击力，大家都有这样的经历，玩游戏有时候就是拿手柄出气，疯狂按键也是玩游戏的乐趣之一，任天堂尊重这种粗暴的行为，让手柄足够承受玩家的发泄之力。

当然更重要的，还是这款手柄革命性地实现了真正意义上的尊重用户体验。他让玩家从沙发、床上解脱出来，让游戏成为一种健康的活动——你可以站着、运动着用无线手柄操控游戏—— 一切看起来都是完美的，都是对传统游戏的彻底颠覆。特别是宫本茂设计的《板球》游戏，的确让游戏和体育运动实现了无缝连接。

如此一来，妈妈再也不担心我玩游戏会影响身体啦。

那么，Wii的售价是多少？它的价格是250美元一台，远远低于Xbox的售价。而且据分析，卖出一台机器，任天堂就能获得50美元的利润。这源自于任天堂在游戏领域强大的资本和合作伙伴。而到了2006年年末，Wii的销量就超过了PS 3和Xbox，虽然它的发售日比PS 3晚了整整3周。

对比一下数据吧：PS3上架13天才卖出了不到20万台，而任天堂的这个数据则是47.5万台。完胜！

而Wii销量大获成功的关键还在于，它捕获了一大部分起初不玩游戏的人。比如老年人，他们不喜浪费，拒绝奢侈。而廉价的Wii正是他们所需要的产品。这和任天堂的宣传也有密切联系，比如，研发团队进驻到养老院、医院，甚至监狱。他们特别开发了"退休人员保龄球"游戏，一下子就获得了老年人的热爱；他们开发的"脑力锻炼"游戏让家庭主妇们欲罢不能……

说到这里，你大概能明白岩田聪的策略了：即使是在一个看起来已经变成红海的市场，也能找到蓝海，然后把它变成红海。在他刚刚担任公司社长的时候，岩田聪就提出，游戏不是只给小孩子玩的，应该老少皆宜。但那时候，无论是市场、股东还是员工，都充满着质疑之声。没人相信游戏市场会扩宽。但他却做到了。

接着，我们再看看索尼的PS 3吧。在此之前，游戏产业为索尼带来数十亿美元的利润，但第三代游戏机的诞生，却让索尼陷入深深的困惑，既有的辉煌、积累的财富、广受赞誉的口碑都开始受到前所未有的挑战。

但起初，索尼的想法堪称伟大。这台配备了Cell处理器技术以及蓝光播放器的新主机本来是打算和索尼的其他产品捆绑在一起，在一个大的互联网概念下，让索尼的各个产品都获得不俗的销售。但实际情况是，主机产能不佳，研发也成了问题，第三方开发商认为索尼的开发工具价格昂贵，很难让它们赢利……而大公司内部的斗争也愈演愈烈。PS主机的缔造者久多良木健为索尼创造了一次次的辉煌，但也招来共公司内部对他的不满——这个热爱游戏的"坏小子"不懂得左右逢源，他甚至直接指出"让索尼那些老家伙们离开索尼"，这些不合时宜的言论迫使他被孤立，成为孤家寡人。

最终，索尼的总裁霍华德·斯金格让久多良木健离开了索尼。接着，索尼游戏业务亏损超过了20亿美元。直到今天，索尼依然没能摆脱困境。

到2008年，任天堂的销售额高达168亿美元，而股价从岩田聪上任开始，到2008年飙升了38%，这个优秀的成绩，让全身而退的任天堂大股东山内溥登上了日本首富的宝座。此时，站在一旁的岩田聪一定志得意满。

第十章

日产征战海外

神奇的卡洛斯·戈恩

和索尼相比，日产汽车似乎走向了另一个方向，它引入了一位法国人做公司总裁，居然奇迹般地让这家公司复苏了。到目前为止，可以说，日产汽车是日本国际化的典范，虽然它体量没有丰田那么庞大，但小而美似乎是它的特色。而且，这家公司也一直在摆脱日本企业固有的模式。当然，这个过程绝对不是一帆风顺的。

客观地说，自从克莱斯勒总裁李·艾柯卡成为汽车业界传奇人物以来，没有一位汽车主管能像日产总裁戈恩这般吸引同行及其他行业的注意。

他扛下有史以来最令人触目惊心的企业整顿大任，仅以两年时间便让岌岌可危的日产汽车脱离破产边缘，再度扭亏为盈。这是一项震撼全球的非凡成就，因为他是一位西方人，却成功改造了一家观念闭塞、作风保守的日本巨型企业。

卡洛斯·戈恩，是出生于巴西的黎巴嫩后裔。他一进入企业界，就展现出商业巨星的闪亮光辉，被誉为"神奇小子"。他先后在巴西、美国、法国及日本大刀阔斧拯救过四家公司。

　　这位被誉为国际汽车业的当代"艾柯卡"，日本漫画家笔下的"超能量明星"，全球十大管理奇才中的"鹰眼总裁"，名震天下的制造业"成本杀手"，其实，在很大程度上，他依然是个谜。过去十几年中，关于他的报道的数量可能只有杰克·韦尔奇、稻盛和夫能与之相比。但"中子弹杰克"意味着已经结束的光荣时代，婚外情的绯闻更打破了这个原本完美的句号，而戈恩却代表着仍未展开的远大的前程，直到现在，日产汽车销量依然保持健康增长，这家公司穿越了经济繁荣、萧条的流转，立于不败之地，至于那些茶余饭后的谈资，对戈恩来说就无关痛痒了。

　　当年，我刚刚成为一名财经记者的时候，曾经多次采访戈恩，也曾在多个场合聆听他的演说，他在我采访的大部分人当中极为特殊。他甚至让我觉得，探索一个杰出人物的成功秘密是一趟兴奋、疲倦也可能毫无结果的旅程，即使在我之前的文字中充满着这种意味，但在我内心深处依然知道，我们总是被表象所迷惑，用一厢情愿的理解左右着我们的思维。

　　关于戈恩的描述几乎是雷同的，他是一个在巴西出生，拥有法国国籍的黎巴嫩后裔，熟练地掌握四门语言。从1978年至今，他领导过米其林公司与雷诺公司不同地区的分支机构的工作。1999年，他以一个外来者的身份成为日产公司的首席运营官。在一家传统根深蒂固的日本公司，这个自称对日本毫不了解的外国人创造了奇迹。他不但使日产扭亏为盈，而且帮助已陷入谷底的日本商业世界重新恢复信心，他自己则成为一贯排斥外来文化的日本社会的偶像式人物。

　　日本媒体《读卖新闻》曾经这样赞誉戈恩：在过去150年的历史中，可能只有3个人对于日本社会产生过如此颠覆性的影响：1853年的美国海军准将佩里，1946年的麦克阿瑟将军，还有今天的卡洛斯·戈恩。

但是卡洛斯·戈恩对此即使不是浑然不觉，也没有表现得太过在意，或者是他刻意掩藏住了内心的得意。在有些方面，他像极了传记作家斯蒂芬·茨威格在《人类群星闪耀时》中描述的人物，他们执着于自己的激情与发现，却无意中撬动了一场更为广阔的运动。与李·艾柯卡（他经常成为卡洛斯·戈恩的类比对象）不同，戈恩缺乏自我膨胀的欲望。尽管他穿梭于全球的商业领导人会议，在公共电视台做讲演，将记者邀请到东京的公寓和他一起共进早餐，但他从不将自己塑造成商业政治家或是先知的模样，他对超越他所在领域的话题所做的发言非常谨慎。他强调愿景（Vision）的重要性，却喜欢从具体的细节开始着手。在面对过分宏大的主题时，他会明确地告诉你他不知道。一个令人印象深刻的采访发生在一家阿拉伯报纸与他之间，前者拼命想知道这位具有多元文化背景的商业领袖对于阿拉伯商业世界的看法。这绝对是场有趣的对话，在回答每一个问题时，我们的戈恩先生总是事先加上"坦白地说，我对此并不十分了解"。

戈恩的管理哲学的一个自相矛盾之处是，它在被过分神秘化的同时，却简单得没有太多的探索空间。媒体热爱戏剧性描述的本能，使他的成功看起来不可解释。他是一个外国人，之前丝毫不了解日产与日本社会，但他用一年时间就实现了销售的扭亏为盈。与此同时，人们在探询他的成功秘密时，却从未发现什么真正新奇的东西。他是一名"成本杀手"，这样的称号适合很多《商业周刊》封面上的商业领导人，但他们中的很多人也因此而失败；他对不同文化的理解的确令人钦佩，但在管理学领域，这个课题至少已经被研究了好几十年，管理学家比他更善于总结它的特性；他拥有远见，这是个多么无趣的答案，哪个杰出领导人不需要远见？他的了不起的跨部门团队（Cross Functional

Team）或许是一项了不起的方法，但同样的方法戈恩早已在巴西、美国工作时使用过……

试图了解戈恩，必须首先打破那些漫画式的看法。奇迹永远不可能在一夜之间发生，它是漫长的作用力缓慢积累之后突然爆发的结果。一直到1999年之前，戈恩一生似乎都是在为了这个拯救行动而累积经验。异质的文化对他意味着解放而不是压抑，他可以轻易地从这一端跳跃到另一端。而日产公司尽管面临着巨大的困境，也并非如媒体描述的那样一无是处，它仍拥有领先的生产线，尽管士气低沉，它的很多员工仍极为出色，蕴涵着巨大的创造潜能……戈恩的行为再次证明了管理学的基本要义——它是常识的胜利。

不断有人说，戈恩最令人钦佩之处在于，他能够将复杂的思考转化成简单的语言，他提出了胆大包天的计划，然后又从最细微处不断检验成果。他说他从来不读管理书籍，这多少是因为管理哲学更像是道德哲学，人人都知道该怎样去做，却往往由于性格上的弱点而无法实践这些想法。

所以，与其说戈恩为危机中的公司或社会提供了解决之道，不如说他为这些危机中的人们提供了希望。戈恩与他的成功故事，更重要的启示在于他提供了一种成功的信念。这种信念又恰巧与正在变化的社会风潮吻合，也正因此，并非所有拯救沉船的首席执行官都能获得戈恩这样的声誉，拯救的时机也必须恰到好处。

再造日产

1996年，当戈恩刚刚加入雷诺的时候，没人会想到他能带来无比强大的巨浪。他先是关闭了在比利时的一家大型装配厂（这是一次痛苦的行动，引发了大规模的抗议），然后利用梅甘娜风景（Megane Scenic）等新车型为雷诺的销售注入了活力。在此过程中，他收获了支持、冲突、敌对，但更多的是媒体的褒奖，毕竟他让一家危险重重的公司焕发了生机。

正是由于他卓越的表现，雷诺在入资日产汽车之后，邀请他改造这家老牌的日本汽车公司。日产汽车是日本一家老牌财阀。鲇川义介是日产汽车的创始人，也是富士财团的掌门人，还是日本风险投资的第一人。鲇川义介生于1880年，山口县人，东京帝国大学工科专业毕业，迷恋工业技术，热爱造物。起初，他是一个彻头彻尾的商业间谍。在大学毕业之后，鲇川义介把学历证书藏到了箱子底，以民工身份进入美国芝浦制作所工作，领取着微薄的薪水，学习着精湛的技术。

1909年，鲇川义介回到日本，创立了自己的公司户田铸物株式会社，这家株式会社以制造汽车零部件而赚取利润。1927年，日本著名的久原财阀加入鲇川义介的公司，合并为日本产业株式会社，核心业务是汽车零部件和矿业，而且日立制作所也是其中一员。

在20世纪20年代末期，日本人已经意识到汽车产业是经济发展的引擎，于是，日产也不甘落后，开始大力发展汽车产业。1933年12月26日，由日本产业株式会社出资600万日元、户田铸物公司出资400万日元，成立了注册资本1000万日元的"汽车制造股份公司"，鲇川义介任新公司首任社长。

在1934年5月30日举行的第一届定期股东大会上，汽车制造股份公司更名为"日产汽车公司"，同时，由日本产业公司接收了户田铸物持有的该公司全部股份，"日产"正式成立了。

在泡沫经济爆发之前，日产汽车一直顺风顺水，但时间进入90年代后，日产只有一年盈利，业绩一片惨淡。这时候，雷诺同意以承担其54亿美元的债务为代价获得日产36.8%的股份。当时外界一片哗然，没人认为一个法国公司能拯救一家日本企业。

这个不可能完成的任务交给了卡洛斯·戈恩。他带着一家人迁徙到日本——一个他只在报纸上读到的国家。当时，日产汽车混乱不堪：官僚作风严重，生产能力比它能够销售的汽车多出将近100万辆。采购的成本比雷诺要高出15%到25%。同时，由于它负债超过110亿美元，现金短缺……

"日产的问题在于缺乏明确的利润取向以及对客户的关注，它把过多的精力放在了追逐竞争对手上，没有跨越职能、界限和等级通力合作的文化，缺少紧迫感和对未来的共识。"这是刚刚上任的戈恩对日产的判断。其实这个判断平淡无奇，大部分深陷危机的公司都来自于这个普世的原因，问题在于，如何改变这一切？

他先是组建了9个跨职能小组，探寻重要职能的内部结构，如制造、采购和工程，以帮助他设计复兴计划。为了提高整个公司的合作能力，他在这些小组中吸纳了各个部门的员工，而不只是高级管理人员。他还邀请与他一起来到日本的雷诺公司高级经理们加入这些小组。为确保每个人都能相互交流，他将英语定为公司的通用语言。

但整个复兴计划依然充满着阻碍，大部分人善意地提醒戈恩：要慢一些，要熟悉日本人的工作方式。但戈恩对此不屑一顾，在这个混杂着不同血液的外国人眼中，没有什么禁忌不能打破，也必须要打破这一切。日产的美国销售主管耶德·康奈利评价他说："他不接受那些关于日本式的古老禁忌，他使人们相信他就是解决方案。"

他先是冒天下之大不韪，改变了日产汽车论资排辈的恶习，引入绩效考核制度。当然，这个制度并不是按照员工的销售业绩分配奖金，而是按照员工的成绩来分配一些股票期权。这就避免了员工追逐短期利益，而是能从公司整体发展出发来提供自己的智慧。

另外，他废除了日产内部一直存在的顾问制度。这是很多日本公司的陋习，那些已经退休的元老们依然掌握着公司的一定权力，凭借着自己的经验指手画脚。这是戈恩所不能允许的，他"杯酒释兵权"，让元老们颐养天年，同时赋予管理者应有的权威。

清除掉元老们的同时，戈恩开始大规模裁员。他通过退休、裁减冗员、减少供应商等方式削减了一万多名员工。最要命的是戈恩对供应商无情的打击，他让供应商数量减少了一半，剩下的供应商也必须降价来提供服务，以此收缩成本。这在日本公司是难以想象的，我们之前说过，日本汽车制造商与供应商一般是交叉持股的模式，一旦建立合作关系，多年都不会破坏。但这种方式对戈恩来说完全失效，他要寻找那些物美价廉的合作伙伴帮他完成复兴大业。

在2000年6月日产的年度会议上，一位反对者批评戈恩未在讲话前鞠躬，并补充说："我不想购买一个不会正确鞠躬的人生产的汽车。你应该学习一些礼节。"戈恩回答说："你是对的。有许多日本的习惯我还不知道，因为我一直在非常努力地工作。我准备在接下来的几个月里变得更加日本化。"

但显然，正是戈恩的非日本化让日产焕发了生机，他给这家公司注入了一种新的灵魂——没有什么是不能被颠覆的。

他赋予汽车设计师强大的精神动力，允许他们在不考虑制造能力的前提下进行设计，让他们的灵感无限扩张。他指导从五十铃（Isuzu）跳槽来的设计师中村史郎将个性注入日产平淡无奇的轿车和卡车设计中去；并且承诺作为日产复苏的标志（将作为2003年的新款车型面世），他将重新上马非常受欢迎的Z型跑车；他还宣布了一项和雷诺合作推广小型汽车的项目，并表示他将更换日产的欧洲汽车生产线。

数据显示，2000年日产在日本的销售份额已经跌至27年来最低点17.4%，第二年又重新攀升至18%。这使得它得以领先于市场份额为13.8%的本田，却仍远远落后于份额占42.2%的丰田。但显然戈恩已经预料到了这一切，他认为，那是别人的战场，并非自己的利润来源地。他力图改善经营情况，塑造属于日产自己的产品，并且在很短的时间后获得了成功，也因此，戈恩成为一位神一样的人物，而人们忽略的问题是，日产虽然问题重重，困难不断，但其本质上依然汇集着优秀的汽车人才、广阔的市场占有率和潜在的技术优势。只不过，戈恩打破了束缚这些优势的樊篱，让日产更加自由地发展。

在荒凉的北美开天辟地

NTCNA是日产在北美的生产基地，其研发能力和生产能力在整个北美市场都首屈一指。它的诞生是在2008年，而实际上，早在20世纪80年代，这个基地就已经开始酝酿，从那时候起，日产汽车就有迈向世界的野心。1987年左右，日产汽车开始和福特进行小卡车的研发合作，公司派遣最优秀的人才远赴美国，共同开发汽车。这一时期，是日产国际化最关键也是最艰难的时刻，最重要的原因就是两种不同的文化如何兼容，相得益彰。如果说，后来戈恩的改革能如此顺利，在某种程度上，也是因为日产汽车在戈恩之前已经具备了国际化视野，它对待管理的变革虽然偶有抵触，但没有完全拒绝，甚至还表示了尊重与坚持。

起初，NTCNA叫NRD，它的首脑是田昭武曾，当时日产选派他去美国创业，就是看中了这个日本人身上的西方特质。田昭有着超强的演讲能力，而且英语优秀，同时热爱文学与音乐。在日本工作的时候，他就因为待人热情宽厚而广受拥戴。

而此时日产高层对走进美国给出了这样的战略意义："我们会以与福特开发小型卡车为契机，逐步创造技术开发者在海外的良好的工作环境。今后技术人员绝不可以做井底之蛙。在美国的成败经历绝对会使技术人员获得巨大的成长。"

当时日产的社长久米丰完全支持这个想法，他说："即使担些风险，也应该先于其他公司一步将开发部门发展到国外去。"

可以看出，当时日产对国际化战略充满决心。很快，一个10人小组的团队进军美国，他们与福特的项目命名为CR项目。在短短几个月后，又有大约40名日本技术人员来到了寒风呼啸的密歇根州，开始了日产海外创业的艰辛历程。除了工作人员，还有家属也涌入了美国。人员迅速膨胀，各种管理工作千头万绪，这让日产美国的核心成员焦头烂额。

当然这些事情还不是最难的，最难的是要招聘美国本土的技术人员来协助日产。不过要说日产当时真的也很幸运，那时候正好赶上大众汽车的一部分退出北美市场，一大批优秀的汽车人纷纷来日产面试。

同时，GM的迪埃因·米勒也加入了日产，这位汽车行业的老将为人谦和，善于处理复杂的人际关系，员工们都管他叫大叔，这位大叔很快成为美国人与日本人之间的桥梁，获得众人的信赖。

到1988年年末，NRD员工达到了300人。可以说，他们非常高效地完成了团队组建的任务。但在实际工作中，这些日本设计师依然感受到了不同文化、工作方式带来的冲突和矛盾。比如，当时日产选择了一家美国工程公司进行汽车计算机辅助设计，但很快他们发现，这家公司无法完成任务。倒不是因为美国公司懒，而是因为，在日本汽车公司里，推崇匠心精神，技术人员需要自己考量零部件各个元素，然后亲自设计图纸，在这个过程中结合生产工序的思考，设计出可行的零部件。但在美国则不是这样。美国的技术开发人员分工细致，由工程师、设计师和绘图师组成，换句话说，在日本一个人完成的事情，在美国则要详细分工。而且，美国的汽车公司通常不会把开发和设计等核心工作外包出去，最多只是找个公司完成绘图而已。

于是日产美国调整了策略，让自己公司的美国人完成整个开发过程。但问题又来了，公司内部的美国员工也有同样的问题。比如，有一位从GM跳过来的工程师洋洋自得地说，自己从事汽车开发事业有30多年，结果，日产美国的高层发现，这兄弟30多年来一直在做螺丝的标准化工作，连面板图都画不出来。

难怪日产领导曾经感慨地说："在美国，十个人开发一个零件，在日本，一个人开发十个零部件。"

当然，这两种方式没有好坏之分，只是工作方式不同而已，细分工作流程也有难以割舍的优势。而一个人负责多个零部件则利于对人才的培养。

所以对于每一个在美国的日本员工来说，他们约定俗成的工作方式正在受到挑战，唯一能做的就是从一个个项目中不断更新自己的认知，与美国团队达成共识；而美国员工虽然会感觉不舒服，但他们也对日本技术人员知识的厚度、见识的深远和强大的执行力赞叹不已。

为了交流更加顺畅，日美两国的技术人员耗费了大量时间进行彻底的沟通。日产美国每周都进行一次沟通会，日本技术人员会详细讲解自己工作的流程，并且进行实际演示，以此让美国人充分理解他们这么做的缘由。而当两方意见不合的时候，大家会共同磋商，寻找到新的解决方法。

　　一位日本年轻的技术人员曾经这样回忆当年在美国创业的情景："我工作的大部分时间，都需要拿着图纸和美国同事一对一地交流。我们的确花费了很多时间用来达成共识。因此，每个寂静的夜晚，我都在办公室里加班，弥补为了沟通而遗留的工作。"

　　其实，除了让美国人了解日本人的工作方式，日产汽车的高层认为，能支撑起美国市场的，依然是美国的技术人员。因为赴美工作的日本人也就在那里工作个三五年，只有长期生活在美国的本地人才能完成日产的大业。

　　于是，随着美日技术人员彼此沟通变得顺畅，很多美国人也开始身居要职，日产美国的高层向日本技术人员说，汽车文化发端于美国，他们比我们更懂得汽车的真谛。想想，在一望无际的麦田风光中，驾驶着汽车肆意驰骋……这不是典型的美国人的生活方式吗？

　　高层对美国技术人员的尊重换来了美国人对日本工作方式的认可。当然，这里还有一个细节可资借鉴：日产美国在招聘本地员工的时候，会详细询问应聘者是否了解日本企业的做事方式，并且考量他们能否以最快的速度熟悉新的文化。比如，有一些美国员工曾经在德国汽车公司工作过，这说明，他们本身就有开放的心态，能在短时间内融入不同的工作氛围中去。

　　说起来，日产汽车后来能任用一个西方人担任总裁，正说明他们也在不断挑战自我，愿意以开放之心迎来新的机会。

　　内部的矛盾在渐渐消弭，但与合作伙伴福特汽车之间的差异又开始显现。之前我们说了，日本人的工作方式是以工匠之心完成零部件的开发，他们把它叫认可图方式。起初福特汽车不认可这种方式："这种方式带有模糊性，根本搞不懂谁应该对产品负责。敷衍含糊其辞的方式能造汽车？"这是福特汽车工程人员对日产的第一认识。

"既然是在美国，当然要按照美国的方式来了。"具体说来，认可图方式是指，一边与零部件生产者交流，一边进行零部件的开发和制造。工程人员先从整体考虑汽车的设计和功能，然后以此为基础反复推敲，同时与生产商共同修改，实现可行性。这种模式在日本非常广泛，因为日本的汽车厂商和零部件供应商有着血浓于水的关系，不会轻易分道扬镳，从长远来看，他们的合作有利于产品的不断改善。

但美国人理解不了。他们信奉的是零部件图方式。汽车公司与零部件厂商是契约关系，汽车公司独立完成零部件设计，然后要求供应商按照图纸进行制造。由于供应商有时候无法按照标准完成生产，很多美国汽车公司都把最核心的零部件交给自己的公司制造，这和日本企业形成鲜明对比。

这个争论持续了很久，让福特和日产的合作陷入了僵局。日本员工内部也出现了分化，有人认为，既然是日本公司，就要按照日本的生产方式来运行；而一部分日本人则说，大家在美国创业，就要本土化生产……

最后，还是日产的高层下达指令：入乡随俗，日产汽车要引入福特的零部件图方式。最终才让这场争论平息下来。

总之，日产和福特在磕磕绊绊中历练多年，文化不断融合，思想不断更新，产品也不断迭代。

1999年，刚刚上任的卡洛斯·戈恩来到了美国。他此行的目的就是为了探究，为何日产在北美市场销售不佳。

在他担任总裁的前一年，日产亏损高达6000亿日元，而戈恩认为，其中最重要的原因就是日产在北美市场表现太差。

此时，距离日产进军美国正好十年。戈恩到达美国之后，指出，日产全球复兴的核心就是北美市场的V字型恢复，北美市场若是无法摆脱困境，则日产全球也将失败殆尽。

戈恩惊喜地发现，日产美国其实开发能力绝不逊于其他公司，于是，他投入了大笔资金，扩充人员，扩建厂房，扩宽思路。

日产进入美国之后，一直在生产卡车，戈恩就任之后，和开发人员共同商议，开发了敞篷卡车，投入市场后广受好评。接着，又不断推出SUV车型等一系列适合美国人习惯的产品，都取得了不俗的战绩。

销量增加之后，新的问题又出现了。那就是人员开始出现不足。这时候偏巧是美国本土汽车公司集体萧条的时代，于是，日产发布招聘广告，对那些当年跳槽离开的人员，允许他们重回日产，薪水翻倍。

很多当年离开日产的技术人员一直郁郁不得志。咱们说过，在日产，一个人要负责很多产品的开发，而回到美国公司之后，虽然薪水涨了，但成就感每况愈下，再加上经营不景气，很多技术人员重回日产的怀抱。

到了2000年年底，日产北美市场已经实现了盈利，完成了V字型恢复。世人都说戈恩是拯救日产的英雄，这当然毋庸置疑，但日本人对匠心的推崇、强大的学习能力及存续的沟通手段为戈恩的改革奠定了坚实的基础。

尾　声
今天的日本需要燃烧自己

如果你的年收入尚未达到实际年龄的10倍（以1万日元为计算单位，请自行按照外汇牌价换算人民币），如果你总认为流行就是展现自我风格，如果你常常吃零食和快餐，如果你具备以上的特质，那么恭喜你，你已经完全融入了"下流社会"。

当年，在日本社会学家三浦展的一本语不惊人死不休的作品——《下流社会》里，他把很多看似精英的人士无情地踢到了"下流社会"当中。而这里，"下流社会"并非指那些沿街，或者地铁中的乞讨者，而是指那些逐渐消逝的中产阶层。

大前研一在他那本描述M型社会产生的作品《M型社会：中产阶级消失的危机与商机》里同样指出，原本处在社会金字塔中层的社会中坚，在学历泡沫、物价飞涨、薪酬增长停滞、贫富差距扩大等各种社会问题的压迫下，原本有希望跻身于中产阶层的一群人反而向贫困靠拢，财富与机遇都呈现向下流的趋势。

而三浦展则更加无情地揭示了这个阶层的惨淡的生活、无奈的处境以及残缺的梦想：

他们通常拿着比上不足、比下有余的薪水，过着有车无房（或者有房无车）但却悠游自在的生活，不很高档但穿起来也不丢人的名牌服装，环境清幽的餐厅、热炒的电影或者盗版碟、流行音乐或者肖邦、莫扎特是他们生活的标签。

而更多的时候，他们面无表情地在商业区匆匆而过，加班熬夜是他们的家常便饭。面对职业、婚姻等方面的竞争和压力，不少人选择了逃避：既不结婚，也不当事业和家庭的"中流砥柱"，而心甘情愿地将自己归入自我满足的"下流社会"的行列。

英国的社会学家把他们称为iPod一代（iPod generation），这里说的并不是苹果电脑推出的可下载音乐的iPod，而是指年轻的一代承受没安全感（insecure）、压力大（pressured）、同时承担过重的税负（overtaxed）及高筑的债务（debt-ridden）四种压力，自暴自弃就成了他们的生活特征。

从某种意义上说，这个论调迎合了当下日本人认为自己的国家贫富差距在逐渐拉大的心理，三浦展试图告诉我们，认为自己生活水平低于社会一般标准的人比从前有明显增加。而所谓的中产阶层正在产生分化，用他的话表述，就是一部分人向"上"攀登，而一大部分人正在向"下"坠落。至于"向下"还是"向上"的标准，就在于你是否正在享受富裕的生活，是否具有获得更高职位的雄心壮志。而事实上，人们总是希望自己能过上富裕快乐的生活，和那些努力"向上"的人相比，甘心沦为"下流社会"人恐怕还是心态和意识的问题。但是，如果你希望融入"上流社会"，就必须要具有"向上"的理想和承受压力的能力，而在这个过程中，失去自我也就是必然的了。

三浦展指出，"下流社会"的产生绝不仅仅是个人问题，它对商业模式的影响也同样深远。如果这个阶层一旦形成，以前面向中产阶层的商品恐怕就不会卖得那么好，而面向高端消费群体的奢侈品可能会获取更多的利益。

他在接受《读卖新闻》记者的专访时直言，对"下流社会"不能简单地以好或者不好来加以判断，但是他鼓励年轻人放弃"反正再怎么努力也没有用"的想法，更不要陷入绝望，甚至放弃自己。他认为，希望与现实之间的差距，可以凭着个人努力与政府制度来补强。

虽然三浦展先生一再鼓励那些"放弃自己的人"必须重拾斗志，但他并没有在书中指出迈入上流社会的成功之道，这是否说明聪明的三浦展也充满了困惑呢？

毫无疑问，这种论调的根源在于泡沫经济崩溃之后，日本人精神上陷入了巨大的空洞，岛国人民特别容易陷入危机感、无望感和消沉的氛围中。所幸的是，很多企业家依然用自己的努力证明实现自我救赎的可能性，比如我们书写过的岩田聪、出井伸之，或者是坪内寿夫。当然还有很多品牌也试图改变今日的日本，比如无印良品、优衣库等等。

即使步入暮年的稻盛和夫也敢于接受新的挑战。最近他在各个场合呼唤日本人要具有"燃烧"的精神，用激情点燃整个日本，实现这个国家的复兴。我至今还记得我见到这位老人时候的情景。

在拥挤的人流中，稻盛和夫被簇拥着走入视野。这样的场面，他已经司空见惯了。在过去的几十年里，稻盛和夫因为出色的经营成果成为商界推崇的偶像，他所遇到的拥戴恐怕在当今商业世界里无人能及。但另一方面稻盛和夫出入于日本寺院，并且接受了戒律成为一名僧人，他善于把自己的经营思想引申为处世哲学。当问他为何能获得如此成功的时候，老人家经常讳莫如深地回答：敬天爱人。

这基本上符合日本传统企业家给人的印象：不仅仅在技术层面给人启示，他们更愿意作为你的精神导师，引发你在"道"的层面的反思。松下幸之助是一个世俗哲学家，他的思想核心通俗易懂——"下雨打伞""木桶理论"；索尼创始人盛田昭夫则倡导以新制胜，他认为创新才能让企业保持进取心，不会落于人后。耐人寻味的是，当越来越多的人畅谈互联网思维的时候可曾发现，他们所有的所谓新思维也不过是在固有框架内的新发展而已。

与其他企业家不同的是，稻盛和夫的哲学理念更有普世性，而且充满东方色彩。最近，他提出了"燃"的精神。这个精神的核心是，如果日本想摆脱目前经济颓唐的境地，必须具备燃烧的斗志去面临挑战，获得新生。

这大抵上与日本一直倡导的武士精神相关联。满怀进取之心，忠诚于祖国，以中国儒家的仁爱为价值支撑，这样的观点深入日本人的骨髓。而日本商人其实是武士道精神最佳的继承者，甚至可以说，商人本身就是武士道精神的创造者。

在中国明朝时期，随着闭关锁国政策的实行，大批日本浪人成为海盗侵入中国东南海岸，而他们的背后有着商人的广泛支持，某种程度上，浪人的掠夺也存在着商业目的。这和大航海时代欧洲人的远航有着类似之处。而商人与浪人的合作，对武士阶层在日本战国末期的崛起有着必然联系。

经过漫长的演化和无数代商业精英的淬炼，日本的商业精神几乎就是武士与儒商思想的合集。这也就构成了日本商业思想的迷人之处。

稻盛和夫提倡的"燃"的思想正是这种思想的复兴和再生。他把财富的追求提升到国家层面，"日本的复兴需要燃的精神。"这区别于中国企业家对财富的单纯追求。马克斯·韦伯在《新教伦理与资本主义》中就曾论述：虔诚的新教资本家积累了大量财富并不是为了追求个人的享受，而是为了证明自己是上帝垂青的"选民"，只是在客观上推动了整个社会的进步。而日本明治维新时期的企业家教父涩泽荣一也曾经提出过：企业存在的目的不是为了盈利，而是为了回报社会。终其一生，涩泽荣一都没有创办过一家属于自己的公司，但他扶持的企业超过5000家。

这种稻盛和夫的思想一脉相承。作为一个日本二战后经济奇迹的缔造者、见证者和泡沫破灭的经历者，缔造了京瓷集团和KDDI两家世界五百强企业，并在退出商界13载后，以耄耋之年，重新出山，仅用一年时间就拯救了同样是世界500强的日本航空公司。他的自传和各种传记把稻盛和夫描述成一个灾难深重的人：进入一家没落的企业，泡沫经济的重创，遭遇癌症的打击……在这些似曾相识的励志意味的叙述背后，是稻盛和夫坚持不懈的努力，对现实的挑战——为了打破电信业的垄断创办了KDDI，为了人手一部手机创立了京瓷集团……

而稻盛和夫的魅力和他的思想一样持久而影响深远，即使是新经济形势下的马云也把他当做崇敬的偶像，他的每一段经历都成为人们可资参考的故事，并且引申出商业哲学。

稻盛和夫的"燃"似乎在指导日本经济走向复兴，他渴望现在的年轻人能同他年轻时一样，怀抱远大理想，放弃对个人财富的迷恋，以燃烧的斗志实现国家的再次崛起。"京瓷就是这样一家企业，它以洞穿岩石般的坚强意志，获得被认为不可能获得的订单，并克服一切困难，努力按照订单要求向客户交付产品，不断拓展新的客户，扩大业绩。"这是稻盛和夫在企业内部对燃烧的斗魂的精神的阐释。而现在，他企图把这种思想扩展到全日本的企业界。

稻盛和夫以为，燃烧的斗魂最核心的价值是"坚强的意志"与钻研创新，而这与"思考解决问题的具体方法"是密不可分的。"坚强的意志"并不单是强悍、勇猛、坚韧不拔，也不仅仅是相信未来一定能成功，而是要彻底地、仔细地思考打开困难局面的具体对策。

稻盛和夫这样解释"燃烧的斗魂"——这里所谓的"燃性"，是指对事物的热情。自燃性的人是指，最先对事物开始采取行动，将其活力和能量分给周围人的人。可燃性的人，是指受到自燃性的人或其他已活跃起来的人的影响，能够活跃起来的人。不燃性的人是指，即使从周围受到影响，但也不为所动，反而打击周围人热情或意愿的人。

也因此，稻盛和夫让日航复兴的根本意愿在于通过企业的振兴唤起一个国家的兴盛，从精神层面点燃日本人。

20世纪90年代，日本学术界就把当时电子企业的崛起称为"燃烧的年代"。松下、索尼、夏普等等企业的兴盛如火种一样点燃日本商业世界，影响全世界。伟大的盛田昭夫把索尼的办公室搬到了美国，艰难地开始了国际化路径。但时间推进到21世纪之后，以索尼为代表的日本电子企业似乎燃烧殆尽，成为时间之灰。大规模亏损、业绩不佳缠绕着索尼公司，虽然PS 4推出之后索尼利润有所增加，但困境依然存在。霍华德·斯金格是索尼前任CEO，他的上一任领袖出井伸之希望通过一个美国人改变索尼公司里日本烙印。但结果却使这家公司丧失了"燃"的精神，以西方的绩效考核制度来规范员工业绩。而这种体制与日本企业水土不服，一度把索尼推向了生死存亡的边缘。

坏企业要变成好企业，好企业要持续兴旺，有两个最基本的条件。一个就是"燃烧的斗魂"；另一个就是"斗魂"的根基，也就是人格、道德，或者说"一颗美好的利他之心"。如果将"斗魂"比喻为发动机，那么驾驭这"斗魂"的人格、道德、利他之心就是方向盘。绩效管理、强调对股东的回报显然不符合稻盛和夫对斗魂的理解，也背离了日本企业取得成功的最初密码。

　　索尼不是一个特例，除了稻盛和夫以外，被称为"经营四圣"的其他三位日本企业领袖已经相继离世，随着引领日本经济高歌猛进的一大批创业型经营者相继过世，日本的大企业都由所谓"职业经理人"接手经营；中小企业大都也由第二代、第三代继承。其中许多人缺乏前辈创业者的"燃烧的斗魂"。同时中、韩等国异军突起，很多日本企业相形见绌，甚至曾经叱咤风云、出现过松下先生和井深先生的松下和索尼经济形势也一落千丈，陷入了巨额赤字。

　　"日本在泡沫经济破灭后，变成一个安稳的社会，没有大好也没有大坏，二十多年就这样过去了。可是无可无不可的想法是不行的。要成就大业就必须要有坚定的信念。"正是基于此，稻盛和夫才重新提倡"燃烧的斗魂"。

　　时间流转，今天我们的英雄是马化腾、马云和乔布斯。他们谈论的是互联网思维、用户体验以及商业模式。而稻盛和夫早就对这一切有了精准的描述："物心一如"。将"燃烧的斗魂"和"美好的心灵"相结合，我们就会全身心投入工作，将自己的魂魄注入工作之中。稻盛年轻时曾经"抱着产品睡"；随时带着放大镜在现场观察产品有无伤痕，把产品当做自己的孩子精心呵护；"仔细倾听机械的哭泣声"，"将自己化身为机械、化身为产品"。达到"物心一如"的境界，由此制造出完美无缺的、"会划破手的"产品。而这样做的结果，就是让京瓷的关键产品席卷了全世界的半导体市场，几十年来一直遥遥领先，让竞争对手望尘莫及。

　　没有什么思维是固定不变的，只有稻盛和夫倡导的与生命有关不仅涉及商业的哲学才会一直影响世界。这也就是，为什么我在这套书的最后，还是提到了稻盛和夫的原因。

图书在版编目（CIP）数据

　　失落中的崛起：日本商业的突围与重生 / 陈伟著. —
杭州：浙江大学出版社，2016.4(2016.11重印)
　　ISBN 978-7-308-15664-6

　　Ⅰ.①失… Ⅱ.①陈… Ⅲ.①商业企业-企业管理-
日本-现代 Ⅳ.①F733.131.4

　　中国版本图书馆 CIP 数据核字（2016）第 048599 号

失落中的崛起：日本商业的突围与重生

陈　伟　著

策　　划	杭州蓝狮子文化创意股份有限公司
责任编辑	卢　川
责任校对	杨　茜
出版发行	浙江大学出版社
	（杭州市天目山路 148 号　邮政编码 310007）
	（网址：http：//www.zjupress.com）
排　　版	浙江时代出版服务有限公司
印　　刷	杭州钱江彩色印务有限公司
开　　本	710mm×960mm　1/16
印　　张	19.25
字　　数	234千
版 印 次	2016年4月第1版　2016年11月第2次印刷
书　　号	ISBN 978-7-308-15664-6
定　　价	45.00元